CAMBRIDGE LIBRARY COLLECTION

Books of enduring scholarly value

Rolls Series

Rerum Britannicarum Medii Aevi Scriptores, or The Chronicles and Memorials of Great Britain and Ireland during the Middle Ages, usually referred to as the 'Rolls Series', was an ambitious project first proposed to the British Treasury in 1857 by Sir John Romilly, the Master of the Rolls, and quickly approved for public funding. Its purpose was to publish historical source material covering the period from the arrival of the Romans to the reign of Henry VIII, 'without mutilation or abridgement', starting with the 'most scarce and valuable' texts. A 'correct text' of each work would be established by collating 'the best manuscripts', and information was to be included in every case about the manuscripts used, the life and times of the author, and the work's 'historical credibility', but there would be no additional annotation. The first books were published in 1858, and by the time it was completed in 1896 the series contained 99 titles and 255 volumes. Although many of the works have since been re-edited by modern scholars, the enterprise as a whole stands as a testament to the Victorian revival of interest in the middle ages.

Annales Cambriae

Reverend John Williams (1811–62) also known by his bardic name of Ab Ithel, graduated from Jesus College, Oxford, in 1835. Williams was an important member of the 'old literary clerics', a group of nineteenth-century clergymen who promoted Welsh language and culture. Published by the Rolls Series in 1860, this work was largely inspired by such patriotic sentiment. Presented here in the original Latin, this edition is a collation of three linked manuscripts. The first is the oldest surviving copy of the chronicle and ranges from 444 to 954, where it is continued by two later manuscripts until 1288. Information has also been taken from other authorities, such as the Anglo-Saxon Chronicle and Florence of Worcester, when the same events have been recorded. Incorporating elements of hagiography, these annals document the reigns of kings and the Norman Conquest. They remain a unique and valuable record of Welsh history.

T0370824

Cambridge University Press has long been a pioneer in the reissuing of out-of-print titles from its own backlist, producing digital reprints of books that are still sought after by scholars and students but could not be reprinted economically using traditional technology. The Cambridge Library Collection extends this activity to a wider range of books which are still of importance to researchers and professionals, either for the source material they contain, or as landmarks in the history of their academic discipline.

Drawing from the world-renowned collections in the Cambridge University Library and other partner libraries, and guided by the advice of experts in each subject area, Cambridge University Press is using state-of-the-art scanning machines in its own Printing House to capture the content of each book selected for inclusion. The files are processed to give a consistently clear, crisp image, and the books finished to the high quality standard for which the Press is recognised around the world. The latest print-on-demand technology ensures that the books will remain available indefinitely, and that orders for single or multiple copies can quickly be supplied.

The Cambridge Library Collection brings back to life books of enduring scholarly value (including out-of-copyright works originally issued by other publishers) across a wide range of disciplines in the humanities and social sciences and in science and technology.

Annales Cambriae

EDITED BY
JOHN WILLIAMS [AB ITHEL]

CAMBRIDGE
UNIVERSITY PRESS

CAMBRIDGE UNIVERSITY PRESS

Cambridge, New York, Melbourne, Madrid, Cape Town,
Singapore, São Paolo, Delhi, Mexico City

Published in the United States of America by Cambridge University Press, New York

www.cambridge.org
Information on this title: www.cambridge.org/9781108043007

© in this compilation Cambridge University Press 2012

This edition first published 1860
This digitally printed version 2012

ISBN 978-1-108-04300-7 Paperback

RERUM BRITANNICARUM MEDII ÆVI SCRIPTORES,

OR

CHRONICLES AND MEMORIALS OF GREAT BRITAIN AND IRELAND

DURING

THE MIDDLE AGES.

THE CHRONICLES AND MEMORIALS

OF

GREAT BRITAIN AND IRELAND
DURING THE MIDDLE AGES.

PUBLISHED BY THE AUTHORITY OF HER MAJESTY'S TREASURY, UNDER THE DIRECTION OF THE MASTER OF THE ROLLS.

On the 26th of January 1857, the Master of the Rolls submitted to the Treasury a proposal for the publication of materials for the History of this Country from the Invasion of the Romans to the Reign of Henry VIII.

The Master of the Rolls suggested that these materials should be selected for publication under competent editors without reference to periodical or chronological arrangement, without mutilation or abridgment, preference being given, in the first instance, to such materials as were most scarce and valuable.

He proposed that each chronicle or historical document to be edited should be treated in the same way as if the editor were engaged on an Editio Princeps; and for this purpose the most correct text should be formed from an accurate collation of the best MSS.

To render the work more generally useful, the Master of the Rolls suggested that the editor should give an account of the MSS. employed by him, of their age and their peculiarities; that he should add to the work a brief account of the life and times of the author, and any remarks necessary to explain the chronology; but no other note or comment was to be allowed, except what might be necessary to establish the correctness of the text.

The works to be published in octavo, separately, as they were finished; the whole responsibility of the task resting upon the editors, who were to be chosen by the Master of the Rolls with the sanction of the Treasury.

The Lords of Her Majesty's Treasury, after a careful consideration of the subject, expressed their opinion in a Treasury Minute, dated February 9, 1857, that the plan recommended by the Master of the Rolls "was well calculated for the accomplishment of this important national object, in an effectual and satisfactory manner, within a reasonable time, and provided proper attention be paid to economy, in making the detailed arrangements, without unnecessary expense."

They expressed their approbation of the proposal that each chronicle and historical document should be edited in such a manner as to represent with all possible correctness the text of each writer, derived from a collation of the best MSS., and that no notes should be added, except such as were illustrative of the various readings. They suggested, however, that the preface to each work should contain, in addition to the particulars proposed by the Master of the Rolls, a biographical account of the author, so far as authentic materials existed for that purpose, and an estimate of his historical credibility and value.

Rolls House,
  December 1857.

ANNALES CAMBRIÆ.

a ñ·   mone·   demonia expulf?
a ñ· ccc xl. Vasta-   añ·regin rex demeto   Cinan rex morie·
ti brictoñu·cũ of   ñi· & eacel pour mon   añ·   Gueith lanmaes·
fa mectace·   une·   añ·
añ·   añ· Elbodg archi epī   añ·
añ·   guenedote regione   añ·
añ·   migrauit ad domi   añ·
añ·   ñu   añ· Arce decancor
añ·   añ· Combuftio mi   afaxoniḃ; deftruie·
añ·   ñu   g regione popuif
añ·   añ· Eugem fili?mar   in fud poceftace
añ·   geuud mone·   craxer·
añ·   añ· Decantoru recu   añ·
añ·   fulmmuf cobune·   añ· ccc lxxx·
a ñ· ccc·l·   añ· Bellum mt bi   añ· higuel morie·
añ· prim° aduen   guel uictor fuic·   añ·
tulgentaliũ· ap̄   añ·   añ·
dexterales adḣ   añ· ccc·lxx·   añ·
bernid·   Conmruum mag   añ·
añ· Offa rex mer-   ñu fuitq̄ incendia   añ·
ciorũ· & morge   multa feut·   añ·
oud·rex deme-   Trifin fili?regin   añ· Laudent morie·
coru·morte mo   mone·   g tacbiu hail
riunt· g bella   Ec griphud fi   mmiu morie·
rud glann·   l'ancen dolofa   añ
añ·   difpenfatione a   añ
añ· Carataue rex   fratre fuo eli zed   añ· ccc xc·
guenedote ap̄   p̄ mẽ uallũ duo   añ
faxonũ iugulae·   rũ menfiũ inc   añ
dñ·   fiere· higuel   añ
añ·   demonia mfg·   añ
añ·   la triumpha-   añ· Nobif ep̄ r
añ·   uit· seman de   mmmiu reg
añ·   ed expulit· cũ   naune· Añ· dñ· ludguoll
añ· ccc·lx·   conciucione mag-   mort
añ·   nd exercic° fut   añ· cccc· mermin
añ·   dñ·   mor· guelch
d ñ· a rgen rex   añ· higuel icũ   cecill·
cereticiaun

The material originally positioned here is too large for reproduction in this reissue. A PDF can be downloaded from the web address given on page iv of this book, by clicking on 'Resources Available'.

ANNALES CAMBRIÆ.

EDITED

BY

THE REV. JOHN WILLIAMS AB ITHEL, M.A.,

RECTOR OF LLANYMOWDDWY, MERIONETHSHIRE.

PUBLISHED BY THE AUTHORITY OF THE LORDS COMMISSIONERS OF HER MAJESTY'S
TREASURY, UNDER THE DIRECTION OF THE MASTER OF THE ROLLS.

LONDON:
LONGMAN, GREEN, LONGMAN, AND ROBERTS.

1860.

Printed by
EYRE and SPOTTISWOODE, Her Majesty's Printers,
For Her Majesty's Stationery Office.

CONTENTS.

PREFACE.

PREFACE.

A PORTION of the "Annales Cambriæ," *i.e.*, down to A.D. 1066, was printed some years ago in the "Monumenta Historica Britannica," under the able editorship of the late Henry Petrie, Esq., F.S.A., Keeper of the Records in the Tower of London.[1] The plan adopted by the promoters of that great work assigned the Norman conquest as the historical limit of the first volume; but as only one volume was ever published, the consequence was that the chronicle in question, as well as several others, remained imperfect. When, however, the Lords of Her Majesty's Treasury in 1857 gave their sanction to the publication of materials for the history of this country from the invasion of the Romans to the reign of Henry VIII., under the direction of the Master of the Rolls, it was thought desirable that a complete edition of the "An- "nales" should be issued, and appear in the series which is now in course of coming out.

The result is the present volume, which, though of small dimensions, is nevertheless highly interesting, and of considerable value, as being, perhaps, the oldest chronicle of Welsh affairs that we possess. It · is derived from three different copies, which, for the pur_

---

[1] Mr. Petrie died before the work was finished, and after his death it was completed, and the prefatory matter added by Thomas Duffus Hardy, Esq.

pose of reference, we have distinguished respectively
by the letters A., B., and C. We did not consider it
advisable to deviate from, or to alter in any respect,
the groundwork laid down in the Monumenta Historica; the undertaking, therefore, is to be regarded
simply as the completion of what was begun there.

Descrip-
tion of
manuscript
A.
A. is a manuscript in the Harleian Collection, No.
3,859, on vellum, in octavo, of the latter part of the
tenth or beginning of the eleventh century, inserted
without title or introduction in the body of a manuscript of Nennius. It is followed immediately by the
pedigree[1] of Owain, sor of Howel the Good, and his

---

[1] This pedigree is as follows :—

Yv'e Map Iguel,	M. Mailcun	M. Anguerit
Map Catell	M. Catgolaun lauhir	M. Onmum
Map Rotri	M. Einiaun girt	M. Duvun
Map Mermin	M. Cuneda	M. Brithguein
Map Ethil	M. Œtern	M. Eugein
Merch Cinnan	M. Patern pesrut	M. Aballac
Map Rotri	M. Tacit	M. Amalech, qui
M. Tutgual	M. Cein	fuit Beli Magni filius,
M. Catgualart	M. Guoicein	et Anna mater ejus,
M. Catgollàun	M. Doli	quæ dicitur esse con-
M. Catman	M. Guordoli	sobrina Mariæ Vir-
M. Jacob	M. Dumn	ginis matris Domini
M. Beli	M. Gur dumn	nostri Jesu Christi.
M. Run	M. Amguoloyt	
Yvein Map Elen	M. Guortepir	M. Constans
Merch Loumerc	M. Aircol	M. Constantini
Map Hymeyt	M. Trifun	Magni
Map Tancoyst	M. Clotri	M. Constantii et
Merc Ovei	M. Gloitguin	Helen Luiedauc quæ
Map Margetiut	M. Nimet	de Britannia exivit
M. Teudos	M. Dimet	ad crucem Christi
M. Regin	M. Maxim Gue-	quærendam usque
M. Catgocaun	letic	ad Jerusalem, et
M. Cathen	M. Ytec	inde attulit secum
M. Cloten	M. Ytector	usque ad Constanti-
M. Nougoy	M. Ebiud	nopolim, et est ibi
M. Arthur	M. Eliud	usque in hodiernum
M. Petr	M. Stater	diem.
M. Cincar	M. Pircsmisser	

mother Elen, which gives us reason further for sup-
posing the chronicle in question to have been originally
compiled during the sway of that prince. Howel died
A.D. 948, when his sons, four in number, Owain, Rhun,
Roderic, and Edwin, divided among them the kingdom
of South Wales and Powys; North Wales being ruled
over by Ieuav and Iago, sons of Idwal Voel. Between
the two families there was a very severe struggle for
the supremacy, and several bloody battles were fought
with various results. Under these circumstances it was
very natural that publicity should be given to Owain's
regal claims, as genealogically derived through both his
parents from the ancient monarchs of the land. The
officer, whose province it was to keep a register of
births, marriages, and deaths, was the bard, who, being
already in possession of a maintenance of five free acres
of land in virtue of his profession, received, moreover,
in consideration of this special act, a pecuniary fee
according to the social position of the head of the
household which he visited.[1] As the bard was an
officer of the court, it is but fair to suppose that the
genealogist was Owain's own bard, one who enjoyed a
more honourable post than fell to the lot of the itine-
rant Cler; a supposition further corroborated by the
knowledge of Latin which he evidently possessed.

Now, if this manuscript is not a mere transcript, The gene-
which there is no reason to suspect, inasmuch as both alogist of
Owain, son
the chronicle and the pedigree are written in the same of Howel
hand, it follows that the genealogist was also the com- the Good,
supposed to
piler of the chronicle; and with propriety would he be be the
so; for, as we learn from the ancient laws of Wales, compiler.

---

[1] See Ancient Laws and Institutions of Wales, printed under the
direction of the Commissioners on
the public records of the kingdom,
MDCCCXLI. Also Statutes of Gruffudd, son of Cynan, and Bleddyn,
son of Cynvyn, MS.

" the three records of the bards of the Isle of Britain
" are the genealogy of descent by marriages, territorial
" divisions, and praiseworthy actions and sciences." [1]
The family registers of the princes and other great
men of the land would naturally form the basis of a
national chronicle, such as the " Annales Cambriæ."

The com-
piler sup-
posed also
to be an
ecclesias-
tic.
It is very possible, moreover, that the compiler was
also an ecclesiastic, for men in holy orders were frequently found to be members likewise of the bardic
profession. But we can hardly suppose that he was an
Englishman, because Owain had, for some reason or
other, a great antipathy to the Saxon clergy and
monks, which he carried out to such lengths as even
to destroy the Welsh colleges which harboured them
Thus it is related of him in one copy of the " Brut
" y Tywysogion : " — " A.D. 959, Owain, son of Howel
" the Good, demolished the college of Llanilltud in
" Gorwennydd, because there were found in it gentle-
" men scholars who were Saxons, and from thence he
" proceeded to the college of Cattwg in Nantgarvan,
" and furiously demolished it." [2]

The chro-
nicle
written
probably
in South
Wales.
The chronicle under consideration was in all probability written in South Wales, for it notices events con-
nected with that part of the country more particularly
than it does those of North Wales. This circumstance
in some degree corroborates the supposition that the
compiler was attached to the interests of Owain, who
had no actual jurisdiction in North Wales.

The
principal
scholars of
South
Wales at
that time.
We naturally inquire who were the most distinguished
scholars of South Wales at this period? The interval
between the sixth and the twelfth centuries was singu-
larly barren of literary names ; nevertheless, during that
period, and about the time in which the chronicle seems

---

[1] Ancient Laws and Institutes of
Wales, vol. ii, p. 513.

[2] Myvyrian Archaiology, vol. ii.
p. 490.

to have been compiled, we meet with two scholars that
would have done honour to any age, Blegewryd, archdeacon of Llandaf, and Geraint the Blue Bard, both
being the brothers of Morgan, king of Glamorgan.
Blegewryd was a doctor both of the civil and ecclesiastical law, and on that account was chosen as the
" ysgolhaig " or secretary, when the ancient laws of
Wales were undergoing a revision by command of Howel
the Good.   That he was acquainted with the Latin
tongue is attested by the fact that a set of Latin verses
is attributed to him in the preamble to one copy of
Howel's laws.[1]   In that respect, therefore, as well as
from being in the favour of Howel, he was well qualified
to be the writer of the "Annales Cambriæ." Geraint
was a poet and grammarian of note. A fragmentary
document printed in the Iolo MSS. volume thus speaks
of him :—" The oldest system on record of memorials
" and recollections is that of Geraint the Blue Bard
" upon poetic metres, and of all that is extant from
" before his time there is nothing remaining except
" what may be discerned by the learned by means of
" books.   This Geraint was brother to Morgan the
" Aged, king of Glamorgan, and he collected ancient
" records of poetry and bardism, and arranged them
" in a book of his own composition, and established
" them by the laws of the chair and the Gorsedd, in
" every country and dominion in Wales ; and Geraint
" excelled in knowledge and judgment, and every chair

---

[1] " Here are the verses composed by Blegewryd thereupon, in testimony
of that event : —
       Explicit editus legibus liber bene finitus,
       Quem regi scripcit Blangoridus, et quoque fuit
       Hweli turbe doctor, tunc legibus in vrbe
       Cornando cano, tunc iudice cotidiano
       Rex dabit ad partem dexteram nam sumerat artem."
In the same preamble Blegewryd is described as " the most learned in all
Cymru."—Ancient Laws, &c., vol. i. pp. 341, 343.

" in Wales and England was given to him, from which
" he was called the Blue Bard of the Chair.   After this
" he became domestic bard to Alfred, king of England,
" and he remained with him, giving instruction to the
" Cymry in England, and to the Saxons ; and in Win-
" chester he lies buried." [1]

Geraint a
registrar of
national
events.

Geraint appears, in the above extract, in the character
of a "collector of ancient records," and though these
records are mentioned as "of poetry and bardism," we
may well presume that a person of such a turn of mind
would not be indifferent to the memorials of national
events.   Indeed, in the volume alluded to, there are
thirty-two poetic triplets assigned to him, in which are
actually registered the achievements of the principal
characters of British history from the earliest times
down to that of Howel the Good, which, if the stanzas
are genuine, prove that he did investigate the historical
traditions and annals of his country." [2]

An objec-
tion to the
claim of
Geraint
considered.

There is only one objection to the supposition that
Geraint might have been the writer of the "Annales
" Cambriæ," namely, the dispute which is said to have
existed at one time between his brother, the king of
Glamorgan, and Owain, and which renders it improbable
that he would in any degree further the interests of
the latter.[3]   But this is not a fatal objection.   The

---

[1] "Arrangement of vocal poetical metres of Geraint Vardd Glas" penes Iolo MSS. pp. 623, 624. Geraint is supposed by some to have been the same person with Asser Menevensis, a monk of St. David's, who at the request of king Alfred went to reside with him as his preceptor, and was made bishop of Shirburne. A collection of moral and religious precepts attributed to him is printed in the Myv. Arch. vol. iii. pp. 100, &c.

[2] Iolo MSS. pp. 668, &c.

[3] An account of this dispute and its settlement is given in the "Genealogy of the kings of Gla-morgan," printed in the Iolo MSS. pp. 357, &c. It is there, however, attributed to Howel the Good and Morgan, which is evidently a mis-take, for Edgar, who arbitrated be-tween the parties, was a mere child when Howel died in 948 ; whereas Caradog positively asserts that it was his son Owain who committed the aggression upon Morgan's terri-tories, which was the cause of the dispute. *See* Myv. Arch. v. ii. p. 490.

last date in the chronicle is equivalent to A.D. 954, but the cause of the dispute did not arise until four years later, so that up to that time Geraint might have continued as attached to Owain, as Blegewryd, his brother, had been to Owain's father. Indeed, in some genealogical documents, Owain is represented as the father of Morgan, and therefore the father of Blegewryd and Geraint.[1] In that case it would not be strange that one son should continue to advocate the claims of his father, whilst another repudiated them. Besides, as both Morgan and Owain submitted to the arbitration of the English king, aided by a council of bishops and earls from Wales and Mercia, it would appear that the quarrel had arisen entirely from a mere misunderstanding, which was of a transient character, and was not at all grounded on any personal animosity.

In bringing forward these two names, we do not mean to fix the compilation of the chronicle upon either of them; we have no sufficient evidence to warrant our doing so. Our intention is rather to point out from history that there were men, even in that illiterate age, who were fully equal to the task, and not unlikely to have produced a register similar to the "Annales " Cambriæ." *Intention of the editor in mentioning these two names.*

Whoever the compiler was, he appears to have availed himself, in the prosecution of his task, of an Irish chronicle, which was also used by Tigernach, and by the compiler of the Annals of Ulster. The notices of Irish and Scottish events are, especially in the former part of the chronicle, disproportionately numerous, and such as could not be expected in a register founded *An Irish chronicle used in the compilation.*

---

[1] This relationship is recorded in an important historical pedigree, said to have been transcribed from Ieuan Deulwyn's book, 1450–1490, and is confirmed by several other genealogies. In the "Genealogy of the kings of Glamorgan," however, Morgan is said to be the son of Howel.

upon a purely Cambrian basis. Of this description are
the birth of St. Bridget (p. 3), the death of St. Patrick
(ib.), the birth of St. Columcille (p. 4), the death of
St. Bridget (ib.), mortality in Ireland (ib.), the death
of Ciaran, abbot of Cluan (ib.), the death of Gabran,
son of Dungart, king of Scotland (ib.), St. Columcille's departure for Britain (ib.), the death of Brenda,
abbot of Birre (p. 5), the death of St. Columcille (ib.),
the death of Aidan, son of Gabran (p. 6), the death of
St. Kentigern (ib.), and the demolition of the fort of
Altclyde, or Dunbarton (p. 14).

Intercourse between the ecclesiastics of Wales and Ireland. In the sixth century there was much intercourse
between the ecclesiastics of Ireland and those of Wales,
which was not wholly discontinued down at least to
the middle of the ninth century, as appears from the
fact that Cydivor, abbot of Llanveithin, who died
A.D. 883, had in his lifetime exhibited great concern
for the welfare of the Scots of Ireland, and sent over
six wise men of his college to instruct them.[1] There
could, then, have been no difficulty on the part of
Cambrian scholars in gaining access to Irish records
during that interval of time, and if they were thus
within their reach, there is every reason to suppose
that they would duly avail themselves of them.

Native documents. But there were, moreover, documents of indigenous
growth, which might, and no doubt were used in the
compilation of this chronicle—those which the author
of Nennius speaks of as "veteri libri veterum nostro-
"rum."[2] Some of these would be the memorials of
the national Gorsedd, whilst others would be family
registers, or the genealogical title deeds, which every
free-born Cymro was obliged to exhibit in order to
establish his rights and privileges as a member of the
commonwealth. It was very natural that the bards

[1] Brut y Tywysogion penes Myvyrian Archaiology, vol. ii. p. 482.
[2] Hist. Brit. § 17.

should add to certain names the principal deeds or events for which the bearers of those names were respectively distinguished. An aggregate of such pedigrees would afford very useful materials towards the compilation of a national chronicle.

The entries of events are but few in number, more especially towards the beginning of the chronicle. Indeed, all the notices we have relating to Britain, during its first century, are the death of the archbishop of York, the battle of Badon, and the battle of Camlan. Its second century contains twenty-eight entries, its third twenty-seven, its fourth twenty-nine, but in its fifth century there are as many as fifty-one, and seven during the remaining ten years. These several entries are likewise meagre, being just of that character which we would expect genealogical extracts, or fragments of family registers, to exhibit. *The entries few and scanty.*

Owing to the great brevity with which these memorials are for the most part clothed, they too frequently occupy such detached and isolated positions as to make it impossible for us to identify them, independently of other and fuller authorities. If we depended solely on the statement of the "Annales," we should know nothing more of St. Patrick (p. 3), Ciaran (p. 4), Gildas (p. 5), Brendan (ib.), Gwrgi and Peredur (ib.), Gregory (p. 6), Kentigern (ib.), Ceredig (ib.), Belin (ib.), Brochvael (p. 7), Morgant (p. 8), Adomnan (ib.), Howel (p. 12), Laudent (p. 13), Iudguoll (ib.), Mervyn (ib.), Meurig (p. 14), Cerball (p. 15), Hyveidd (ib.), Gorchwyl (p. 16), Asser (ib.), and Aedelstan (p. 17), than simply that they died in certain years. The births as well as the deaths of some, as of St. Bridget (p. 3) and St. Columcille (p. 4), are recorded. Others have the names of their fathers added, as Gavran, son of Dungart (p. 4), Aeddan, son of Gavran (p. 6), Selim, son of Cynan (ib.), Iago, son of Beli (ib.), Beli, son of Elfin (p. 9), Tewdwr, son of Beli (ib.), Dyvnwal, son of Tewdwr (p. 10), Fernvail, *Examples of the mode of registering.*

son of Iudhail (ib.), Owain, son of Maredudd (p. 11),
Trifun, son of Rein (p. 12), Aedd, son of Neill (p. 15),
Llywarch, son of Hyveidd (p. 16), Hyveidd, son of
Clydawg (p. 17), and Rhodri, son of Howel (p. 19).
Others their office or rank, as Benignus, bishop (p. 3),
Dunawd, king (p. 5), Dubricius, bishop (p. 6), Oswid,
king of the Saxons (p. 8), Alfred, king of the Saxons
(ib.), Osbrid, king of the Saxons (p. 9), Bede, priest
(ib.), Owain, king of the Picts (ib.), Rhodri, king of the
Britons (p. 10), Edwald, king of the Saxons (ib.),
Lemoyd, king of the Picts (ib.), Cudberth, abbot (ib.),
Arthen, king of Ceredigion (p. 11), Rein, king of the
Dimetians (ib.), Cadell of Powys (ib.), Cynan, king
(p. 12), Satur biu hail of Menevia (p. 13), Cemoyth,
king of the Picts (p. 14), Jonathan, prince of Abergeleu
(ib.), Albrid, king of Giuoys (p. 16), Cadell, king (ib.),
Anarawd, king (p. 17), Aelfled, queen (ib.), Abloyc, king
(ib.), Eneuris, bishop of Menevia (p. 18), and Howel,
king of the Britons (ib.). In some instances the mode
of death is specified; thus, Maelgwn, king of Gwynedd,
died of a great mortality or plague (p. 4), Idris had his
throat cut (p. 7), Cadwalader, son of Cadwallon, died
of a plague (p. 8), Caradog, king of Gwynedd, had
his throat cut by the Saxons (p. 11), Iudhail, king of
Gwent, was killed by the men of Brecheiniog (p. 13)
Meurig was killed by the Saxons (ib.), Cyngen had his
throat cut by the Pagans (ib.), Gwgawn, king of Ceredigion, was drowned (p. 14), Dyvnwarth, king of Cornwall, was drowned (p. 15), Rhodri and Gwriad his son
were strangled by the Saxons (ib.), Clydawg the king
was slain (p. 17), Cadell, son of Arthvael, died of poison
(p. 18), Idwal and his son Elized were killed by the
Saxons (ib.), Cyngen, son of Elized, died of poison (ib.),
Eadmund, king of the Saxons, had his throat cut (ib.),
and Cadwgawn, son of Owain, had his throat cut by
the Saxons (ib.). Again, in some cases, the place of
death is mentioned; Selim, son of Cynan, fell in the

battle of Caerleon (p. 6), Edwin and his two sons were
slain in the battle of Meiceren (p. 7), Cadwallon fell
in the battle of Cantscaul (ib)., Oswald, king of the
Northmen, and Eoba, king of the Mercians, fell in the
battle of Cocboy (ib.), Talargan, king of the Picts, was
slain in the battle of Mygedawg (p. 9), Cyngen, king
of Powys, died in Rome (p. 13), Howel died in Rome
(p. 15), Rhodri was beheaded in Arwystli (p. 16), and
bishop Lumberth died in Menevia (p. 18). The notices
of some of the battles are likewise exceedingly brief;
as, the battle of Arderydd (p. 5), the battle against
Man (ib.), the slaughter of Caer Gai (p. 7), the battle
of Mount Carno (p. 9), the battle of Rhuddlan (p. 11),
the battle of Llanvaes (p. 12), the battle of Cetyll
(p. 13), the battle of Finant (ib.), the battle of Bryn
Onnen (p. 14), the battle of Banguoleu (ib.), the battle
of Sunday in Mona (p. 15), the battle of Dinas Newydd
(p. 17), and the battle of Brune (ib.); all of which are
simply mentioned, without the least reference to any of
the particulars that attended them. The same brevity
is observed with respect to other events also; as, the
deposition of Daniel of Bangor (p. 5), Edwin begins to
reign (p. 6), Gwyddgar came, and returned not, on the
calends of January (p. 7), the rise of a star (ib.), the
slaughter of Pantha (ib.), the consecration of the church
of Michael the Archangel (p. 9), a hot summer (ib.),
the burning of Menevia (p. 11), Cadweithen was expelled (p. 14), Otter arrives (p. 17).

These circumstances imply very clearly that the facts Inferences drawn from the brevity of entries. of the chronicle were supposed to be well known at the
time they were put together, and that the compiler
did not intend so much to give a narrative of events
as to arrange them conveniently in order of time.

Independent authorities do exist, such as Gildas, Indepen-. dent authorities. Nennius, Bede, the Genealogies of the Saints, the
Triads, and the works of the Bards. In some in-
stances the evidence is contemporaneous with the

event, and thus it not only throws more light on the
entries of the chronicle, but corroborates its general
authenticity.

The battle
of Mount
Badon. The first entry of a civil or national character that
occurs in it is that of the battle of Mount Badon,
which is noticed by two contemporaries, Gildas and
Taliesin. The former dates his own nativity from
that event,[1] whilst the latter speaks of it in the
following strain:—

> "Woe to them, miserable ones, because of the
>   battle of Badon,
> Arthur, the head of the brave, his blades were red
>   with blood,
> He inflicted on his enemies the vengeance of
>   warriors,
> That demanded the battle blood of the sovereign
>   of the North." [2]

The author of the book of Nennius, who lived at a
later period, represents the battle of Mount Badon as
the twelfth which Arthur fought, and one in which 960
enemies fell in a single attack by his own hand.[3]

Maelgwn
Gwynedd. Mailcun, king of Gwynedd, or Maelgwn Gwynedd,
whose death is recorded under the year 547, and of
whom the "Annales Cambriæ" give us no other
account, is very severely handled by Gildas because
of his sinful life.[4]

The battle
of Arder-
ydd. The battle of Arderydd, A.D. 573, is mentioned in
a Welsh poem, which is usually attributed to Merddin,
a person of some distinction, who himself took an
active part in it:—

> "In the battle of Arderydd I wore the golden
>   torques." [5]

---

[1] Hist. Gildæ, c. 26.

[2] Cited by Archbishop Usher.

[3] Hist. Brit. § 56. Another ver-

sion gives 840 as the number that
fell on that occasion.

[4] Epist. Gildæ.

[5] Myv. Arch. vol. i. p. 152.

Constantine, whose "conversion to the Lord" is Constantine.
noticed under 589, is in all probability identical with
the "immundæ leænæ Damnoniæ tyrannicus catulus
" Constantinus " of Gildas. [1]

Llywarch Hen says of king Dunawd, who died Dunawd.
according to the " Annales," A.D. 595 :—

" . . . . Fiercely
   Was it said in the pass of Llech,
   Dunawd, the son of Pabo, will never flee." [2]

Both Llywarch Hen and Taliesin sing the praises Urien.
of Urien.[3] The former, indeed, in his Elegy on that
Christian warrior, speaks also of the generosity of
Rhun, in all probability the same person as " Run
"filius Urbgen," who baptized Edwin, A.D. 626.

The same bard has an Elegy on Cadwallon,[4] who is Cadwallon.
mentioned in the chronicle under 629, 630, and 631. The
battle of *Meiceren* is evidently alluded to in the
following stanza :—

" The army of Cadwallon encamped on Havren,
   And on the farther side of Dygen,
   And the devourers were burning *Meigen*."

Whether the battle of Cocboy, A.D. 644, is alluded The battle of Cocboy.
to in a poem attributed to Taliesin,[5] where mention
is made of—

" The meeting of Corroy and *Cocholyn*,"
is perhaps doubtful ; nor is it likely that "the chief
" of Bards" was living at this period.

The name of Brochvael, whose death is recorded Brochvael.
under 662, occurs in Llywarch Hen's Elegy on
Cynddylan, son of Cyndrwyn. [6]

The author of the book of Nennius speaks of Mention of Taliesin and Llywarch in Nennius
Taliesin and Llywarch, the latter of whom he calls
Bluchbard, and agrees with other authorities in

---

[1] Epist. Gildæ.
[2] Myv. Arch. vol. i. p. 103.
[3] Ib. pp. 50, 51, 55, 56, 57, 59, 103.
[4] Ib. p. 121.
[5] Ib. p. 168.
[6] Ib. p. 107.

c

representing them as having flourished at the time when the great contest between the Britons and Anglians in the sixth century was being carried on.[1]

Date of the book of Nennius.

The first edition of Nennius appeared in 674;[2] presuming that the author was at that time thirty years of age, he must have been contemporary with the battle of Cocboy, the carnage of Caer Gai, and the slaughter of Pantha, all of which are described in the Historia Britonum nearly in the same words as in the "Annales Cambriæ." But as the genealogies in which these particulars occur refer to a date as late as 738, it follows that the editor, when that portion of the work was added, was a very old man, upwards of ninety years of age. Probably the compiler of the genealogies was another and a younger man, whose life did not reach any one of the three events mentioned, though it might take in the death of Cadwalader, which we may remark is noticed agreeably to the statement of the "Annales."

Era of Bede.

Bede was born in 674, and died 735. He was, therefore, coeval with all the occurrences that are mentioned in our chronicle as having happened during that interval. He notices, however, only two, namely, the death of Aelfrid and the death of Osred, the former of which he places in 705,[3] and the latter in 716,[4] the one a year later, the other a year earlier than the respective dates of the "Annales Cambriæ."

---

[1] "Tunc Talhaearn Cataguen in poemate claruit, et Neirin, et Taliessin, et Bluchbard, et Cian, qui vocatur Guenith Guant, simul uno tempore in poemate Britannico claruerunt."—Hist. Brit. § 62. The genuineness of the Ancient British Poems of Aneurin, Taliesin, Llywarch Hen, and Merddin, has been ably vindicated by Sharon Turner, Esq., F.A.S., London, 1803.

[2] This appears from the "Historia" in the Vatican, where we read,

"Quando Gratianus Æquantius consul fuit in Roma, qui tunc a consulibus Romanorum totus orbis regebatur, Saxones a Guorthegirno, anno post Domini Passionem trecentesimo quadrigesimo septimo suscepti sunt : ad hunc quem (quo) nunc scribimus annum sexcentesimum quadragesimum septimum numeramus."

[3] Hist. Eccles. lib. v. c. 18.

[4] Ib. c. 22.

Asser Menevensis also, who was invited to the Era of Asser Meneven-sis. court of Alfred about 885, and closed his mortal career in 908, lends his testimony in support of a few particulars. The battle of Bryn Onnen is described by him at some length. The place where it occurred was called in English Æscesdun, "quod Latine 'mons "'fraxini' interpretatur." Mention is made of arch-bishop Novis, whom Asser calls his relation; also of Hemeid, Rhodri, Meurig, and Anarawd, all of whom are noticed in the "Annales."[1]

The compiler of the chronicle himself could not The events of the latter part of the chronicle well known to the compiler. have been long after Asser. The events recorded in the latter portion must, therefore, have been well known to him, some of them, it may be, having fallen under his own personal observation. We are thus fully justified in receiving them as genuine facts of history.

There is some reason to think that our chronicle Originally written in Welsh. was originally written in Welsh, and that in its present form it is only a translation. This suppo-sition is founded on the Welsh words and phrases which appear in it as if left untranslated; such as "*Gueith* Camlann" (p. 4), "Aidan *Map* Gabran" (p. 6), "*Gueith* Caer Legion" (ib.), "*Gueith* Gart-"mailauc" (p. 9), "*Gueith* Mocetauc" (ib.), "*Gueith* "Hirford" (p. 10), "*Gueith* Lannmaes" (p. 12), "*Cat* Brin Onnen" (p. 14), "*Gueith* Bannguolou" (ib.), "*Gueith Diu Sul in Mon*" (p. 15), "Aed *Map* "Neill" (ib.), "*Gueit* Conguoy *digal* Rotri a Deo" (ib.), "*Gueith* Dinmeir" (p. 16), "*Gueith* Dinas "Neguid" (p. 17). The Welsh compiler would seem to have turned Irish entries into proper Cymraeg, as "*Mac* Gabran" into "*Map* Gabran," "*Mac* Neill" into "*Map* Neill," though such instances have not been further translated into Latin.

---

[1] *See* Asser de Rebus gestis Ælfredi.

Supposed
traces of a
misappre-
hension on
the part
of the
translator.
We would feign detect traces of a misapprehension
of the meaning of certain Welsh words on the part
of the translator. Such, we think, appear in the
statement relative to Arthur at the battle of Badon,
that he carried the cross of Christ "in humeros suos."
It is very probable that the original word was
"ysgwyd," clypeus, and that the translator mistook
it for "ysgwydd," humerus, and rendered it accord-
ingly. The mistake would be very easily made at
that early period, when there was no difference what-
ever in the orthographical forms of the words, both
being written *iscuit*. Nennius seems to have made
the same mistake, but Geoffrey of Monmouth appears
to have caught the right meaning, though somewhat
amplified, when he says, "Humeris quoque suis
" clypeum vocabulo Priwen, in quo imago Sanctæ
" Mariæ genetricis impicta."

The Welsh
names
etymo-
logically
formed.
The forms of the Welsh names are purely etymo-
logical, such as prevailed in early times, enabling the
philologist to identify at a glance their component
parts; unlike the phonetic character of our more
modern orthography, where the initial consonant, in
compounds as well as in separate words, is affected
by that which goes before.

Chro-
nology.
The chronology of this document is designated by
the repetition of the word "annus" for each successive
year, whether blank or otherwise, whilst every tenth
year is marked x., xx., &c. It has not, however, been
considered necessary to print every "annus" as it
occurs in the manuscript, where no event is recorded.
The first and last only of the blank years that inter-
vene between each entry of an occurrence have been
inserted. From a comparison of dates assigned to
many of the events noticed in it by other writers, it
would appear that the era on which its chronology rests
would concur with the year 444 of the Incarnation,
though there is no reason given for this particular date.

The chronicle that comes next under our notice is Descrip-
"Annales ab orbe condito adusque A.D. 1286," marked tion of manuscript
B. in the present edition. This is a manuscript in B.
folio, written in triple columns, in a hand of the close
of the thirteenth century, without title or introduction,
on certain fly leaves prefixed to an abridged copy of
Domesday Book in the Public Record Office, in the
custody of the Master of the Rolls, formerly in charge
of the king's remembrancer in the Court of the
Exchequer. In all probability it was written A.D.
1286, which is the date of its latest entry, and which
was but a few years after the death of Llywelyn, the
last sovereign prince of Wales.

But though as a transcript it may be of that date, Probably
there is reason to suppose that it is not originally not the work of one
the work of one period, but that it was compiled by period.
different persons at different times.

The basis of this chronicle, down to the empire of The former
Leo I., A.D. 457, is derived from the Thirty-ninth portion, whence
chapter of the Fifth Book of Isidore's Origines, ap- derived.
parently through the medium of Bede's shorter
chronicle, with some insertions relating to general
ecclesiastical history from another source, and with
the further addition of a few brief notices taken from
Geoffrey of Monmouth's British History.

The chronological computation of this part of the Chro-
chronicle is taken from the length of reign of the nology and date of this
several emperors, which seems to mark it as the work portion.
of one man, whilst the reference to Geoffrey of Monmouth would place the date of compilation subsequently
to the middle of the twelfth century.

From A.D. 457 it agrees nearly with manuscript Compared
A. until that copy ends ; and no doubt this was the with manuscript
register principally made use of by the compiler, A.
though it is evident that he had other sources of
information at hand as well, which enabled him to
dentify the Dunawd, who died in 597 as "filius Pabo,"

or to fix the church of S. Michael that was consecrated in 718 "in monte Gargano." He, moreover,
clothes the entries generally in his own language;
thus, where A. has A.D. 607, "Aidan Map Gabran
" moritur," in B. it is rendered, " Aidan filius Gawran
" obiit." It may be that both versions are but
separate translations of the same Welsh original,
somewhat modified or diversified according to the
additional information which the respective writers
may have possessed.

Chrono-
logy of
the latter
portion.
From the time of its concurrence with manuscript
A. down to 1097, each successive year is noted by the
word "annus," but without the numerical indication
of decades. At this date the common era is adopted,
and continued to the end of the chronicle.

Apparently
not written
by the same
person.
It would appear, then, as if a fresh hand were
employed upon the register from A.D. 1097 down to
the beginning of the thirteenth century, when the
entries, which were somewhat brief before, become
much fuller, thus indicating another change. The
latter portion was probably composed at the monastery
of Strata Florida, to which it frequently refers, the
very last entry, indeed, being a notice of a conflagration
which occurred there.

The
writers
probably
Welsh
ecclesias-
tics.
From the evident partiality displayed by the writers
for the Cambrian interest, there can be little doubt
that they were Welshmen, probably ecclesiastics,
inmates of some of the religious houses that had
sprung up in different parts of the country, and more
especially of Strata Florida

The chro-
nology
down to
1098 more
or less
false.
As justly observed in the Preface to the Monumenta
Historica Britannica, p. 93, the chronology of the
portion derived from Isidore is, by the omission or
confusion of different persons, utterly false, inasmuch
as it would place the accession of Leo in the year
397, instead of the year 457; the arrival of Hengist
in the year 409, instead of the year 449; and the

change of Easter Day, the first incident of manuscript
A. in the year 420, instead of the year 453. In like
manner the chronology of the succeeding portion, noted
by the repetition of the word "annus," owing
apparently to the misreckoning of the intervening
or blank years, and the want of a check similar to
that of numbering the tenth year, observed in manuscript A., is constantly getting wrong. Thus assuming
its agreement with manuscript A. at 453, it will be
found to have lost seven years at A.D. 954, where that
copy ends, and to be eight years short of the true
reckoning at A.D. 1098, where the common era is
adopted,

The third manuscript is distinguished in the present
volume by the letter C. This is "Annales ab orbe
" condito adusque A.D. 1288," two years later than
manuscript B. It is in the Cottonian collection,
Domitian, A. 1, in small octavo, written in a hand of
the end of the thirteenth century, probably in the
very year which terminates the copy. Description of
manuscript
C.

Of this chronicle, the portion extending from the
creation to the empire of Heraclius, A.D. 614–40, con-
sists, like the early part of manuscript B., of extracts
from Isidore's Origines, apparently through the medium
of Bede. Indeed the writer, in the following entry,
expressly assigns the compilation to the Saxon priest,
A.D. 735, "Beda presbyter moritur, qui hunc librum
" cronicum annuatim composuit." It contains also a
few brief extracts from Geoffrey of Monmouth, and
likewise a portion of the notices contained in manuscript A. during the same period. The former
portion,
whence
derived.

The citation from Geoffrey of Monmouth here, as in
the case of the corresponding portion of manuscript
B., forbids us to assign an earlier date to the composition than the middle of the twelfth century. Date of
this
portion.

From the empire of Heraclius forward it agrees
nearly with manuscript A., till that copy ceases, and Comparison with
manu-

scripts A. and B. down to A.D. 1203. generally with manuscript B. to the year 1203, from which circumstance it is evident that the compiler or compilers of that portion had access to the two other copies, and made use of them in preparing his or their own chronicle.

The latter part wholly different. After the year 1203 it becomes wholly different from B., and has fewer and briefer notices of Wales, whilst these have mostly an air of partiality towards the English. We conclude, therefore, that this portion, occupying eighty-five years, was the work of a distinct party, evidently in the interest of the English king.

Notices of English affairs interposed in the manuscript. From about the year 1016 to the year 1200 this manuscript has some leaves of parchment interposed, containing brief notices of English affairs. To the year 1135 they are abridged from Florence of Worcester and his continuator; afterwards they are taken from another source, and have frequent mention of the bishops of Worcester. Each notice has a reference to its intended place in the text; but these references are very faulty throughout as to time, and are wholly omitted in the present volume.

Chronology. The chronology of manuscript C., like that of manuscript B., is founded, first, on the length of reign of the several emperors, and afterwards on the repetition of the word "annus." The former portion, from causes similar to those already described relative to manuscript B., is utterly erroneous; the latter portion, down to A.D. 1135, is subject to the same kind of error as that manuscript; but after that date the "annus" is more carefully noted, and, as far as can be ascertained, the chronology is generally right.

Basis of the present edition. As manuscript A. is evidently the most ancient, and therefore the most historically valuable of the three copies which we have thus considered, it has been adopted as the basis, as far as it goes, of the present edition, being collated with manuscripts B. and C. When manuscript A. ceases, manuscript B. has been used as the text, collated with manuscript C. Such additional matter as was afforded by collation, and would cohere with the text, has been inserted throughout in brackets, except that portion which in the copies B. and C. relates to events preceding the middle of the fifth century. This preliminary matter, inasmuch as it was prefixed at a much later period to the original form of the chronicle, as it stands in manuscript A., and is consequently worthless in a historical point of view, has been altogether omitted from the text, but is nevertheless inserted at the close of the Preface.

The variations of the different copies are inserted at the foot of the page, and are referred to by a small numeral; and when more words than one are meant, a tick is used to indicate the termination of the passage in the text. *Various readings.*

So long as manuscript A. continues, a numeral has been supplied for each "annus" which is mentioned, and in order to have an approximation to the common era, the date 444, as already stated, has been assumed as concurrent with its first "annus," and the Christian year has been constantly affixed to each register of events down to 954, which would then correspond with the year 510 of that manuscript. From that period forward, the chronology of the manuscripts B. and C. is so irregular and erroneous, that it has been found impossible to reduce it to order; wherefore the real dates have been sought for, as far as they were attainable, from other and more trustworthy authorities which notice the same events, such as the Saxon chronicle and Florence of Worcester, until we come to 1097, when manuscript B. adopts the year of Christ, and is thus followed in the margin. The numerals opposite to *Marginal dates.*

the intermediate years of chronicle C., wherever they occur during this period, have been mainly conjectured from the position they hold relatively to the specified dates of B.

Why there are no marginal references.

Owing to the brevity of diction in which so many of the notices, especially in the former part of the chronicle, have been clothed, it was found inconvenient to annex marginal references to each. Rather, therefore, than that there should be any incompleteness, or want of uniformity in this respect, it was deemed advisable to omit them altogether. It is presumed, however, that the fulness of the index, together with the marginal dates, will make up in a great degree for the deficiency, which otherwise might have proved somewhat disadvantageous.

The style.

We may remark upon the style of the work, that in many places it is extremely faulty, defective, and ungrammatical. A few such inaccuracies have been pointed out in the foot notes, but in general the text has been printed as in the manuscript, a course which has been adopted lest in any way we should inadvertently alter the sense of the words, or modify the peculiarity of the language, which the compilers may have designedly used.[1]

---

[1] In drawing up this Preface the Editor begs to acknowledge the great help he has derived from that in the " Monumenta Historica Britannica," of which he has largely availed himself.

MS. B.

Ab orbe condito adusque A.D. 447.

Prim . . . . fecit Deus lucem, quam appellavit diem. Secunda die fecit Deus firmamentum in medio aquarum, et divisit aquas ab aquis superiores ab inferioribus, ut in Genesi, legitur. Tertia die congregavit Deus aquas in locum et fecit terram apparere, quam aridam appellavit, congregationesque aquarum appellavit maria. Quarta die fecit solem et lunam de luce primo die facta, et cetera sidera in firmamento cœli. Quinta die creavit Deus natatilia[1] et volatilia et ipsa de aquis. Sexta die creavit Deus animalia terrestria et ipsum hominem ad similitudinem Dei, masculum et fœminam creavit eos, scilicet Adam et Evam. Septimo die quievit ab omni opere suo quod patrarat.

Adam c°xxx° ætatis suæ anno genuit Seth, a quo filii Dei, vixitque annis dccccxxx., et mortuus est.

Seth anno c°vᵘ genuit Enos, qui cepit invocare nomen Dei, vixitque annis dccccxij.

Enos anno c°xc. genuit Caynan, vixitque annis dccccv.

Caynan anno·c°lxx. genuit Malaleel, vixitque annis dccccx.

Malaleel anno c°lv. genuit Jareth, vixitque annis dccc.

Jareth anno c°lij. genuit Enoc xcv., vixitque annis dccclxij.

Enoch anno c°lxv. genuit Matusalem, vixitque annis ccclxv.

Matusalem clxj. genuit Lamec, vixitque annis dcccclxix. Iste Lamec interfecit Chain filium Adæ fratriscidam.

Lamec anno c°lvij. genuit Noe, vixitque annis dcclxxvij. Noe anno d° genuit Sem; postquam Sem erat xcviij. annorum venit diluvium anno dc. vitæ Noe, mense secundo, xvij. die mensis, ut quidam volunt. Hæc est prima ætas, continens 1. dccccxxxxiiij.

Sem vero annis duobus post diluvium genuit Arphaxath, et ipse Arphaxath anno xxxv° genuit Salem, qui primus ædificator fuit Jerusalem, et a nomine ipsius dicta est Salem, postea a Jebus et Salem dicta est Jerusalem. Salem anno cxxx° genuit Ebor, a quo Hebræi. Ebor anno c°xxx. genuit Phalec. Phalec anno c°xxx. genuit Ragan. Dii primum adorantur. Ragan anno c°xxxij. genuit Seruch. Regnum Scytharum inchoat. Seruch anno c°xxx. genuit Nachor. Regnum Egyptorum inchoat. Nachor anno lxxxxiiij. genuit Thare. Regnum Affricorum oritur. Thare

---

[1] Natalicia in MS.

anno lxxx. genuit Abraham.   Zor castris magicam artem reperit. Hæc est secunda ætas, continens annos dccclvij.

Abraham anno c° genuit Isaac. Isaac anno lx. genuit Jacob.
Jacob anno xl. genuit Joseph. Phoreneus Græcis leges dedit.
Joseph anno xxiij. obiit in Egypto. Servitudo Hebræorum incipit
in Egypto in eodem anno in quo Joseph mortuus est, et duravit
per cxliiij. annos. Moises rexit populum xl. annis. Athlas
astronomiam docuit. Josue annis xxvij. rexit populum post
Moisem. Erictonius in Troja usum quadrigæ primus invenit.
Post hoc filii Israel servierunt regi Mesopotamiæ annis viij.,
quos Gothomel liberavit, et eis præfuit, annis xl.   Eaptinus
litteras Græcis dedit. Postea servierunt Hebræi regi Moab
xviij. annis, quos Aoth liberavit, eisque præfuit, et quievit terra
lxxx. annis. Debora populum judicat. Deinde filii Israel servierunt Jabin regi Chanaan annis xx., quos liberavit Barach, et
præfuit annis xl. Apollo citharam reperit. Postea servierunt
Midianitis, quos liberavit Gedeon, et præfuit annis xl. Mercurius
lyram condidit. Abimelec xxj. Chorus in Græcia inventus est.
Thola annis xxxij. Priamus Laomedontis filius regnavit in
Troja. Jahir xxxij. Carmentis mater Euandri litteras Latinorum reperit. Deinde filii Israel servierunt hostibus xviij.
annis, quos Jepte liberavit, et præfuit annis vij. Hercules
flaminis se . . . . Abessa annis vij. Alexander Elenam rapuit.
Abdon annis x . . . . Troja capta est a Græcis, et Cartago a
Didone inchoatur. Dares historiam Trojanorum edidit. Deinde
filii Israel servierunt Philisteis xl. annis, quos Samson liberavit,
et præfuit xx. annis. Æneas in Italia moritur. Aschanius Albam
condidit. Heli sacerdos pater Ophni et Phinees præfuit xl.
annis. Archa testamenti capta est, Ophni et Phinees occisis.
Trojani duce Bruto in Britannia venerunt. Samuel et Saul
annis xl. Homerus Græcorum doctissimus clarus habebatur.
Locrinus filius Bruti in Britannia regnat. Hæc est tertia ætas,
continens . . . . dccccx.

David rex annis xl. Gad, Asa prophetaverunt in Israel.
Salomon annis xl. templum Ierosolimis ædificatur. Amos,
Leu, Aggeus prophetaverunt.   Rudhidibras regnabat tunc
temporis in Britannia. Roboam annis xvij. Regnum Israel
dividitur. Abia annis tribus, sub quo Abimelec pontifex fuit.
Saphan xliiij. Zacharias, Johel prophetaverunt. Josaphat annis
xxx. Helias, Obedias, Micheas prophetaverunt. Joram annis viij.
Joel, Naum prophetaverunt. Helias rapitur, Heliseus prophetavit. Jonadab sacerdos claruit. Joas annis xl. Heliseus Helie
discipulus moritur. Anasias annis xv. Cartago perfecte condita
est. Ozias annis xviij. Romulus et Remus nascuntur. Olympias
sub Olympo monte a Græcis instituitur. Josue et Ysayas xxxviij.

annis. In primo anno potestatis istorum Roma conditur a geminis fratribus Remo et Romulo, xj. kalendas Maii, die Sanctæ Pal.[1] Regnabat in Britannia Cunedasius, qui fuit nepos regis Ler, qui condidit Lerecestriam. Achazian xvj. Ezechias annis xxix. Senatus cepit esse Romæ. Sibilla claruit. Minon annis xij. Primus census agitur. Josias annis xxij. Millesius philosophus agnoscitur. Joachim annis x. Sedechias annis xx. Nabocodonosor Judeam cepit. Templum Ierosolimis incensum est. Hæc est quarta ætas, continens annos cccclxxj.

Hebræorum captivitas incipit et duravit annis lxx. Historia Judith scribitur. Darius annis xxxiij., sed primo anno suæ potestatis ejus Hebræi a captivitate sunt liberati. Nerses annis xx. Mophocles, Socrates, Euripides celebrantur. Artaserses annis xxv. Hesdras legem incensam renovavit. Alter Darius annis xvij. Plato clarus habetur. Historia Hester completur. Aristotules et Demostenes celebrantur. Merses annis viij. Alexander annis v. Asiam tenuit, et Ierosolimam cepit, et mortuus est. Tholomeus annis xxviij. Machabeorum liber primus incipit. LXX. interpretes agnoscuntur. Philadelphus annis xxviij. Jesus librum Sapientiæ componit. Philopater annis xviij. Philometus annis xxvj. Scipio Affricanus Affricam visit et Chartaginem delevit. Brutus Hispaniam subegit. Sother annis xvij. Traces Romanis subjiciuntur. Alexander annis xj. Syria Romanis subjugata est. Tholomeus annis xj. Ars rhetorica cepit esse Romæ. Dionisius annis xxij. Magnus Pompeius Judeam cepit, et Cleopatra filia Lagi tunc temporis in Egypto regnabat, et in Britannia regnabat Lud filius Hely, qui Tronovantum renovavit, et a nomine suo Lundoniam appellavit.

Annus ante Incarnationem Domini lx. Julius Cæsar Britanniam bello pulsavit et vicit, Cassibellano in Britannia regnante.

Annus.[2]

Annus. Augustus Cæsar regna recepit.

Annus.[3]

Annus. Nativitas Domini nostri Jesu Christi in Bethleheem Judæ in civitate David.

Annus. Interfectio infantium.

Annus.[4]

Annus reversionis Domini de Egypto.

Annus.[5]

Annus Tiberii Cæsaris, qui primus post Augustum regnavit.

Annus.

---

[1] Sic in MS.
[2] Repeated 17 times.
[3] Repeated 40 times.

[4] Repeated 4 times.
[5] Repeated 9 times.
[6] Repeated 13 times.

Annus. Dominus a Johanne in Jordane baptizatus est et jejunavit et temptatus est.

Annus. Aquam in vinum mutavit Dominus eodem die quo baptizatus est, revoluto anno.

Annus. Dominus publice prædicat. Johannes Baptista obiit.

Annus Passionis Domini nostri Jesu Christi.

Annus.[1]

Annus Gaicæsaris. Matthæus Evangelium scripsit.

Annus Claudi Neronis. Petrus Romam, Marcus Alexandriam petit.

Annus.[2]

Annus Calvi Neronis, sub quo Petrus crucifigitur. Paulus gladio traditur.

Annus.[3]

Annus. Vespasianus regnavit.

Annus. Ierosolimam diruit.

Annus.[4]

Annus Titi Imperatoris. Hic pius et facundus fuit.

Annus. Domitianus regnavit. Johannes Evangelista inter Pathmos relegatur. Clemens in Pontos exulat.

Annus.[5]

Annus Nerwe Imperatoris. Johannes Ephesum rediens Evangelium scripsit.

Annus Trajanus regnavit. Simon Cleophe filius crucifigitur, et requiescit Johannes Apostolus.

Annus.[6]

Annus Adriani Imperatoris. Aquila interpres habetur.

Annus.[7]

Annus. Antonius Pius regnavit. Valentinius et Marcion heretici agnoscuntur.

Annus.[8]

Annus. Antonius minor regnavit. Cathafrigarum heresis oritur.

Annus.[9]

Annus. Comodius regnavit. Theodosius inter Christianos habetur.

Annus.[10]

Annus. Helius pertinax regnavit.

Annus Aurelii Antonii, vj^a editio Nycopolini reperitur.

---

[1] Repeated 5 times.
[2] Repeated 13 times.
[3] Repeated 13 times.
[4] Repeated 8 times.
[5] Repeated 14 times.
[6] Repeated 18 times.
[7] Repeated 20 times.
[8] Repeated 24 times.
[9] Repeated 18 times.
[10] Repeated 12 times.

Annus.[1]

Annus.   Alexander regnavit.   Origenes Alexandriæ claruit.

Annus.[2]

Annus.   Maximus regnavit.   Hic persequitur Christianos.

Annus.[3]

Annus.   Cordianus Imperator.   Fabianus Episcopus Romæ claruit.

Annus.[4]

Annus.   Philippus regnum inchoat.   Hic primus Christianus Imperator fuit.

Annus.[5]

Annus.   Decius regnavit, sub quo Beatus est passus Laurentius.

Annus.   Gallus et Volusinianus regnaverunt.   Novatiana heresis oritur.

Annus.

Annus.   Valerianus cum Galieno regnavit.   Ciprianus martyrio coronatur.

Annus.[6]

Annus.   Claudius   regnavit.   Paulus   Samianus   heresim condidit.

Annus.

Annus Aureliani Imperatoris.   Hic persecutus est Christianos.

Annus.[7]

Annus Decii Imperatoris.

Annus Probi Imperatoris.   Manicheorum heresis orta est.

Annus.[8]

Annus.   Carus regnavit.   Iste de Persis triumphavit.

Annus.

Annus Diocletiani et Maximiani.   Sub his persecutoribus intra xxx. dies xix. Christianorum passi sunt.

Annus.[9]

Annus.   Maximus et Severus regnaverunt.

Annus. Constans et Constanus regnaverunt. Ossa Beati Andreæ Apostoli Constantonopolin transferuntur.

Annus.[10]

Annus.   Julianus regnavit.   Hic ex Christiauo factus Paganus Christianos persequitur.

---

[1] Repeated 3 times.
[2] Repeated 12 times.
[3] Repeated 3 times.
[4] Repeated 5 times.
[5] Repeated 6 times.

[6] Repeated 14 times.
[7] Repeated 4 times.
[8] Repeated 5 times.
[9] Repeated 19 times.
[10] Repeated 16 times.

Annus. Jovianus regnavit. Hic cum omni exercitu suo Christianus efficitur.

Annus.

Annus. Valentinianus regnavit, qui ab Juliano militia fuerat privatus.

Annus.[1]

Annus. Valens regnum inchoat.

Annus.[2]

Annus. Beatus Ambrosius et Martinus Episcopi claruerunt.

Annus.[3]

Annus. Valentinianus cum Theodosio regnavit. Ieronimus in Bethleem, Augustinus in Affrica prædicantur. Synodus Constantipolini ccl. Episcopis, in qua omnes hereses condemnantur.

Annus.[4]

Annus. Theodosius cum Archadio et Honorio regnant. Johannes anachorita claruit.

Annus.[5]

Annus. Johannes Crisostomus et Augustinus Episcopi prædicantur.

Annus.[6]

Annus. Honorius cum Theodosio Minore regnant. Cirillus Alexandriæ claruit. Consilium Carthaginense, ccxl. Episcoporum Pelagium condemnat.

Annus.[7]

Annus. Theodosius Minor regnat. Ephesina synodus. Nestorium condemnat.

Annus.[8]

Annus. Marcianus imperat. Calcedonense consilium geritur.

Annus.[9]

Annus. Sanctus Patricius monente angelo Hiberuiam petiit.

Annus.

Annus. Leo major imperat. Egyptus errore Dioscori latrat.

Annus.[10]

Annus. Adventus Anglorum Horsi et Hengisti tempore Wortigerni regis.

Annus.[11]

Annus. Dies tenebrosa sicut nox.

---

[1] Repeated 9 times.
[2] Repeated 3 times.
[3] Repeated 5 times.
[4] Repeated 10 times.
[5] Repeated twice.
[6] Repeated 12 times.
[7] Repeated 14 times.
[8] Repeated 25 times.
[9] Repeated 4 times.
[10] Repeated 11 times.
[11] Repeated 5 times.

MS. C.

Ab orbe condito adusque A.D. 453

Incipiunt Cronica Venerabili Bede.[1]

Prima die seculi nascentis fecit Deus lucem, quam appellavit diem. Secunda die fecit Deus firmamentum in medio aquarum, et divisit aquas ab aquis superiores ab inferioribus. Tertia die congregavit Deus aquas in unum locum et fecit terram apparere. Quarta die fecit Deus solem et lunam et cetera sidera in firmamento. Quinta die creavit Deus natatilia in aquis et volatilia in aere. Sexta die creavit Deus animalia terrestria et ipsum hominem, scilicet Adam et Evam. Septima die quievit ab omni opere suo.

Incipit Prima Ætas.

Adam c°xxx° anno suæ ætatis genuit Seth, a quo filii Dei. Seth anno c°v° genuit Enos, qui cepit invocare nomen Domini. Enos anno c°xc° genuit Chaynan. Chaynan anno c°lxx° genuit Malaleel; Malaleel anno c°lv° genuit Jareth; Jareth anno c°lii° genuit Enoch; Enoch anno c°lxv° genuit Matusalem; Matussalem anno c°lxv° genuit Lamech; Lamech anno c°lvii° genuit Noe; Noe anno d° genuit Seth. Et postquam Seth erat xcviii° annorum venit diluvium. Hæc est prima ætas, continens annos m.dccccxxxiii.

Secunda Ætas.

Seth vero annis duobus post diluvium genuit Arphaxat; Arphaxat anno xxx°v° genuit Salan; Salan c°xxx° anno genuit Eber, a quo Ebrei; Eber anno c°xxxiiii° genuit Falech; Falech anno c°xxx° genuit Ragan. Ragan anno c°xxxii° genuit Seruch. Regnum Cythareum inchoat. Seruch anno c°xxx° genuit Nachor. Regnum Egyptiorum inchoat. Nachor anno lxxx°iiii° genuit Thara. Regnum Asyriorum oritur. Thara anno lxxx° genuit Abraham. Thara astronomicam artem invenit. Hæc est secunda ætas, continens annos dccclvii.

Tertia Ætas.

Abraham anno c° genuit Ysaac; Ysaac anno lx° genuit Jacob; Jacob anno xl° genuit Joseph; Joseph anno xc°iii° moritur. Servitus Ebreorum cepit in Egypto in anno illo in quo Joseph mortuus est, et duravit per c.xliiii. annos. Adlani astronomiam invenit. Moyses annis xl. rexit populum. Post Moysen Erictonius in Troiana regione quadrigam invenit. Gotoniel anno xl. literas invenit Græcas.[2] Aoth anno lxxx°. fabulæ

---

[1] *Venerabili Bede*] In a more modern hand.
[2] *Græcas*] Inserted in a later hand.

d

fictæ sunt; Deborra anno xl. Apollo cytharam reperit; Gedeon
anno xl. Mercurius lyram condidit; Amelech anno xxi. Chorus
in Græcia inventus est; Tola anno xxxii. Priamus regnavit
in Troia; Jayr anno xxxi. Carmentis mater Evandri literas
Latinorum reperit; Yepte anno vi. Ercules flammis se injecit;
Abessa anno vii. Alexander Elenam rapuit; Jabdon anno x.
Troia capta est a Græcis, et Cartago conditur a Dydone;
Sampson anno xix. Æneas in Italia moritur, et Ascanius ejus
filius Albam-longam condidit; Hely sacerdos anno xl. Archa
testamenti capta est. Brutus Asamii nepos Britanniam insulam
adiit, et regnum suum Locrio filio suo tradidit in fine vitæ
suæ. Samuel et Saul anno xl. Homerus clarus habetur. Et
tunc temporis regnabat Madavo Locrii filius in Britannia. Hæc
est tertia ætas, continens annos d.ccccx.

Quarto Ætas.

David rex annis xl. Gath, Nathan, Asa prophetaverunt.
Saleron an. xl. Templum Ierosolimis ædificatur. Amos,
Jeu, Aggeus prophetaverunt. Et Rudidibas[1] in Britannia
regnabat tunc temporis; Roboam an. xvii. regnum Israel
et Juda dividitur; Abya an. iii. sub quo Abymelech
pontifex fuit; Asaph an. xlii. Zacharias et Johel prophetaverunt; Josaphat an. xx. Elyas, Abias, Micheas prophetaverunt; Joram an. viii. Joel, Naum prophetaverunt;
Ocozias an. i. Elyas rapitur, Elyseus prophetavit; Gotolia
an. vii. Jonadab sacerdos; Joas an. xl. Elyseus moritur;
Avasias an. xv. Cartago per fidem conditur claruit; Ozias an.
xviii. Romulus et Remus nascuntur. Olympias a Græcis in-
struitur; Josue et Ysayas an. xxxviii. In primo anno potestatis eorum Roma conditur a Remo et Romulo xiº kalendas
Maii. Et in Britannia regnabat Cunedagius, qui erat nepos
regis Leyr. Agaz an. xvi.; Ezechias an. xxix. Senatus Romæ
habetur; Manasses an lv. Sibilla claruit; Amon an. xii.
Primus census agitur; Josias an. xxii. Tales philosophus
agnoscitur; Joachym an. x.; Sedechias an. xii. Nabugodonosor
Judeam capit. Templum Ierosolimis incensum est. Hæc est
quarta ætas, continens annos cccclxxi.

Quinta Ætas.

Ebreorum captivitas incepit et duravit annis lxx. Historia
Judith scribitur; Darius an. xxxiii. Sed pro anno suæ potes-
tatis Ebrei a captivitate sunt liberati. Xerses an. xx. Sophocles,
Socrates, Euripides celebrantur. Artaxerses an. xxxv. Es-

---

[1] *In margin* Run Hirvras.

dras legem incensam renovavit. Alter Darius an. XVII. regnavit. Plato clarus habetur. Alter Artarxerses an. XLI. regnavit. Historia Ester completur. Tertius Artarxerses an. XXVI. Aristoteles et Demosthenes celebrantur. Xerxes an. VIII. Darius an. VII. Alexander an. V. Asyam tenuit, et Ierosolimam cepit, et mortuus est. Tholomeus an. XXVIII. Machabeorum liber primus incipit. LXX. interpretes agnoscuntur. Philadelphus an. XXVIII. Euergites an. XXVII. Jesus librum Sapientiæ componit. Philopater an. XVIII. regnavit. Philomenter an. XXVI. regnavit. Scippio Affricam vicit. Euergites an. XXIX. Brutus Hyspaniam subegit. Sother an. XVII. Traces Romanis subjiciuntur; Alexander an. XI. Syria Romanis subjugata est; Tolomeus an. IX. regnavit. Ars rhetorica Romæ cepit. Dyonisius an. XXII. regnavit. Magnus Pompeius Judeam capit. Et Cleopater tunc temporis in Egypto regnabat. Et in Britannia regnabat Lud filius Beli, qui Trinovantum renovavit, et de nomine suo Lundoniam appellavit. Julius Cæsar XV. an. Et in primo quinquennio subjugavit Galliam. In secundo quinquennio Britanniam, ut in Romanis historiis reperitur. Scriptum est enim quod Julius Cæsar Romanorum primus Britanniam bello pulsavit, anno ab urbe condita DCºXCºIIIº. ante vero Incarnationem Domini Lº. Cassibellaunus Belini filius regnabat in Britannia tunc temporis. Ulterio vero quinquennio devicit Pompeium, et monarchiam totius mundi tenuit. Octovianus Cæsar post Julium regnavit annis LV. Sed in XL. anno ejus imperii natus est Christus. Quo etiam anno quinta ætas finitur, continens annos DXXXIII. Colliguntur ergo ab origine mundi usque ad Christum anni IIII.DCC.LIIII.

M.

SEXTA ÆTAS.

Idem Octavianus Cæsar post Nativitatem Domini annis XV. regnavit. Tenuantius erat rex Britanniæ nepos Cassibellauni regis. Tyberius an. XXIII. In tempore istius passus est Dominus. In Britannia regnavit Kymbelinus Tenuantii filius. Caius Caligula an. IIII. regnavit. Matheus evangelium scripsit. In Britannia regnabat Arviragus rebellis. Nero an. XIIII. Petrus et Paulus passi sunt. Vespasianus an. X. Ierosolima a Tito subvertitur. Arviragus adhuc in Britannia regnabat. Titus an. II. Hic facundus et pius fuit. Domicianus an. LXII. regnavit. Johannes in Pathmos relegatur. Nerva an. I. Iohannes Ephesum rediit. Traianus an. XIX. regnavit. Johannes Apostolus quievit. Adrianus an XXI. regnavit. Aquila interpres habetur. Antonius an. XXV. regnavit. Valentius et Marcion agnoscuntur.

---

¹ Hystorum *in MS.*

Alter Antonius an. xix. Catafrigarum heresis oritur. Commo-
dus an. xiii. regnavit. Theodition interpres habetur. Silvius
pertinax an. i. Hic nihil historiæ habet. Severus an. xviii.
Symacus interpres habetur. Antonius an. vii. Quinta editio
Jerosolimis invenitur. Macrinus an. i. Hic nihil historiæ
habet. Aurelius an. iii. Sabellius oritur. Alexander an. xvi.
Origines insignis habetur. Maximus an. iii. Iste Germanos
vicit. Gordianus an. vii. Iste de Parthis et Persis triumphavit.
Philippus an. vii. Hic primus imperator fuit. Decius an. i.
regnavit. Antonius monachus claruit. Gallus an. ii. regnavit.
Novatus heresim condidit. Valerianus an. xv. regnavit Cy-
prianus martyrio coronatur. Claudius an. ii. Hic nihil historiæ
habet. Aurelius an. v. Hic Christianos persequitur. Tacius
an. i. Hic nihil historiæ habet. Probus an. vi. Monachorum
Manicheorum orta est heresis. Clarus an. ii. Hic nihil historiæ
habet. Dyoclicianus an. xx. regnavit. Iste divinis libris com-
bustis Christianos interfecit. Galerius an. ii. Nihil historiæ
habet. Constantinus an. xxx. regnavit. Nicena synodus congregatur. Alter Constantinus an. xxiiii. regnavit. Anthropomor-
phitarum heresis oritur. Julianus an. ii. Hic ex Christiano
Paganus efficitur. Jovianus an. i. Hic iterum Christianus efficitur. Valentinianus an. xiiii. regnavit. Gothi heretici efficiun-
tur. Grannus an. vi. regnavit. Adventus Anglorum in
Angliam, id est, Hors et Hengist, anno ab Incarnatione Domini
cccc°xxxviii°, Gurtheirno existente rege Britonum. Alter Va-
lentianus an. vii. regnavit. Ierosolimis et in Bethleem prædi-
catur. Et Pascha mutatur super diem Dominicum a Leone
papa.

ANNALES CAMBRIÆ.

ANNALES CAMBRIÆ.

A.D.

444. I. Annus—III. Annus.

447. IV. Annus. [1] [Dies tenebrosa sicut nox.]
  V. Annus—VIII. Annus.

453. IX. Annus. [2] Pasca commutatur' super diem [3] Dominicum cum' papa Leone [4] episcopo Romæ.

454. X. Annus. Brigida Sancta nascitur.
  XI. Annus. XII. Annus.

457. XIII. Annus. [5] Sanctus Patricius [6] ad Dominum migratur.'

458. XIV. Annus. [7] [S. Dewi nascitur anno tricesimo post discessum Patricii de Menevia.]
  XV. Annus—XXIII. Annus.

468. XXIV. Annus. Quies [8] Benigni episcopi.
  XXV. Annus—LVI. Annus.

501. LVII. Annus. Episcopus [9] Ebur [10] pausat in Christo, anno CCCL. ætatis suæ.'

---

[1] B.

[2] Pascha, B. —mutatur, C.

[3]' Dominicam a, B.C.

[4] Not in B. Not in C.

[5] Not in C.

[6]' Obiit, B. In Domino pullulavit, C.

[7] B.

[8] Benedicti, C.

[9] Ywor. B.

[10] Obiit, B. 'quievit, C.

A.D.

  LVIII. Annus—LXXI. Annus.

516. LXXII. Annus. Bellum Badonis, in quo [1] Arthur
  portavit crucem Domini nostri Jesu Christi
  tribus diebus et tribus noctibus [2] in humeros
  suos,' [3] et Britones victores fuerunt.'
  LXXIII. Annus—LXXVI. Annus.

521. LXXVII. [4] Sanctus Columcille' nascitur. [5] Quies
  Sanctæ Brigidæ.'
  LXXVIII. Annus—XCII. Annus.

537. XCIII. Annus. [6] Gueith Camlann, in qua Arthur
  et Medraut corruere;' [7] et mortalitas in Brittania et in Hibernia fuit.'
  XCIV. Annus—XCIX. Annus.

544. C. Annus. [8] Dormitatio Ciarani.'
  CI. Annus. CII. Annus.

547. CIII. Annus. [9] Mortalitas magna [10] [fuit in
  Britannia] in qua pausat Mailcun rex Gen-
  edotæ. [10] [Unde dicitur, 'Hir hun Wailgun
  en llis Ros.' Tunc fuit lallwelen].'
  CIV. Annus—CXIII. [11] Annus.

558. CXIV. Annus. [12] Gabran filius Dungart moritur.'
  CXV. Annus—CXVII. Annus.

562. CXVIII. Annus. [13] Columcille in Brittania exiit.'
  CXIX. Annus, CXX. Annus.

---

[1] Arthurus, *C.* Rex Arturus, *B.*
[2] *Not in C.* In humeris suis, *B.*
[3] et victor fuit, *C.* In illo prœlio ceciderunt Colgrinus et Radulphus Anglorum duces, *B.*
[4] Columchilla, *B.*
[5] Sᵃ. Brigida in Christo obiit, *B.* S. Brigida quievit, *C.*
[6] Bellum Camlan, in quo inclitus Arthurus rex Britonum et Modredus proditor suus, mutuis vulneribus corruerunt.

[7] *Not in B.C.*
[8] *Not in C.* Dormitio Karauni, *B.*
[9] *Not in C.*
[10] *B.*
[11] Between the years cx. and cxx. the word "Annus" is repeated ten times in *A.*
[12] *Not in C.* Gawran Wradouc filius Dinwarch obiit, *B.*
[13] *Not in C.* Columchilla ex Hibernia venit in Britannia, *B.*

A.D.

565. CXXI. Annus. [1][Navigatio Gildæ in Hybernia.]
CXXII. Annus—CXXIV. Annus.

569. CXXV. Annus. [1][Synodus Victoriæ apud Britones congregatur.]

570. CXXVI. Annus. Gildas [2][Britonum sapientissimus] obiit.
CXXVII. Annus. CXXVIII. Annus.

573. CXXIX. Annus. Bellum [3]Armterid [1][inter filios Elifer et Guendoleu filium Keidiau; in quo bello Guendoleu cecidit: Merlinus insanus effectus est.]

574. CXXX. Annus. Brendan [4]Býror dormitatio.'
CXXXI. Annus—CXXXV. Annus.

580. CXXXVI. Annus. [5]Guurci et Peretur [1][filii Elifer] [6]moritur.'
CXXXVII. Annus—CXXXIX. Annus.

584. CXL. Annus. [7]Bellum contra [8]Euboniam, et' [9']dispositio Danielis [10]Bancorum.'
CXLI. Annus—CXLIV. Annus.

589. CXLV. Annus. [11]Conversio Constantini ad Dominum.'
CXLVI. Annus—CXLIX. Annus.

594. CL. Annus. [1][Edilbertus in Anglia rexit.]

595. CLI. Annus. [12]Columcille moritur.' [13]Dunaut rex moritur.' [14]Agustinus [14]Mellitus Anglos ad Christum [15]convertit.'
CLII. Annus—CLVI. Annus.

---

[1] B.

[2] B. Sapiens, C.

[3] Erderit, B. Arderit. C.

[4'] Berur obiit, B. Berrur moritur, C.

[5'] Not in C. Gurgi, B.

[6] moriuntur, B.

[7'] Not in C.

[8'] Eumoniam, B.

[9] depositio, B. 'De episcopo Daniele Bangor, C.

[10] Bangorensis, B.

[11'] Not in C.

[12] Columchilla, B. 'Not in C.

[13] Dunaud, C. 'Dunauut filius Pabo obiit, B.

[14'] Not in B.

[15] mittitur convertere, B.

A.D.

601. CLVII. Annus. Sinodus urbis [1]Legion [2][ordinata
a S. Davide Menevensi archiepiscopo.] Grego-
rius obiit in Christo. David [3]episcopus [4]Moni
judeorum.'
CLVIII. Annus—CLXI. [5]Annus.

606. CLXII. Annus. [6]Dispositio Cinnauc' episcopi."

607. CLXIII. Annus. [7]Aidan [8]map Gabran moritur.'
CLXIV. Annus—CLXVII. Annus.

612. CLXVIII. Annus. [9]Conthigirni obitus, et Dibric
episcopi.'

613. CLXIX. Annus. [10]Gueith Cair Legion; et ibi
cecidit Selim filii Cinan. Et Iacob filii Beli
dormitatio.
CLXX. Annus. CLXXI. Annus.

616. CLXXII. Annus. [11]Ceretic obiit.

617. CLXXIII. Annus. [12]Etguin incipit' regnare.
CLXXIV. Annus—CLXXIX. Annus.

624. CLXXX. Annus. Sol obscuratus est.
CLXXXI Annus.

626. CLXXXII. Annus. [13]Etguin baptizatus est ; [14]et
Run filius Urbgen baptizavit eum.'

627. CLXXXIII. Annus. Belin [15]moritur.
CLXXXIV. Annus.

629. CLXXXV. Annus. Obsessio [16]Catguollaun regis'
in insula Glannauc.

---

[1] Legionum, *B.C.*

[2] *C.*

[3] Menevensis archiepiscopus in Domino quievit, *C.*

[4] Menevensis obiit, *B.*

[5] Between the years CLX. and CLXX. the word 'Annus' is repeated ten times in *A.*

[6] *Not in C.* 'Depositio Kenauc, *B.*

[7] *Not in C.*

[8] filius Gawran obiit, *B.*

[9] *Not in C.* Chendeirn obiit, *B.*

[10] Bellum Kairlion, in quo Seysil filius Chinan et Iacob filius Beli moriuntur cum multis aliis, *B.* Bellum Caer Legion, in quo Silla filius Kenan cecidit, *C.*

[11] All from henceforward to the year CCI. are wanting in *C.* Cheredi, *B.*

[12] Guin cœpit, *B.*

[13] Guin, *B.*

[14] a Paulino episcopo Eboracensi, *B.*

[15] obiit, *B.*

[16] Catwallaun, *B.*

A.D.

630. CLXXXVI. Annus. [1] Guidgar venit et non redit, Kal. Januar.' [2] Gueith Meiceren; et ibi' interfectus est [3] Etguin cum duobus filiis suis: [4] Catguollaaun autem' victor fuit.

631. CLXXXVII. Annus. Bellum Cantscaul, in quo [5] Catguollan [6] [cum suis] corruit.

632. CLXXXVIII. Annus. Strages Sabrinæ, et jugulatio [7] Iudris.
CLXXXIX. Annus—CXCIX. Annus.

644. CC. Annus. Bellum [8] Cocboẏ, in quo Oswald rex [9] Nordorum et [10] Eoba rex Merciorum [11] corruerunt.

645. CCI. Annus. [12] Percussio Demeticæ regionis, quando " cœnobium David incensum est. [13]
CCII. Annus—CCIV. Annus.

649. CCV. Annus. [6] [Guentis strages.]

650. CCVI. Annus. Ortus stellæ.
CCVII. Annus—CCXI. Annus.

656. CCXII. Annus. Strages [14] Gaii Campi.

657. CCXIII. Annus. [15] Pantha occisio.

658. CCXIV. Annus. [16] Osguid venit et prædam duxit.
CCXV. Annus. CCXVI. Annus,

661. CCXVII. Annus. [1] Commene fota.'

662. CCXVIII. Annus. [17] Brocmail [6] [Eschitrauc] [18] moritur.
CCXIX. Annus. CCXX. Annus.

---

[1] Not in B.
[2] Bellum Meigen, in quo, B.
[3] Edwinus, B,
[4] Catwallaun vero, B.
[5] Catwallaun, B.
[6] B.
[7] Idris, B.
[8] Chochui, B.
[9] Nodorum, B.
[10] Edda, B.
[11] obierunt, B.
[12] Percussio Demetiæ, B. "Not in C.
[13] All to the year CCXXXVIII. are wanting in C.
[14] Gai, B.
[15] Pendæ, B.
[16] Oswid, B.
[17] Brochwail, B.
[18] obiit, B.

A.D.

665. CCXXI. Annus. Primum Pascha apud Saxones celebratur. [1]Bellum Badonis secundo. Morcant moritur.'

CCXXII. Annus—CCXXIV. Annus.

669. CCXXV. Annus. [2]Osguid rex Saxonum moritur.

CCXXVI. Annus—CCXXXI. Annus.

676. CCXXXII. Annus. Stella miræ magnitudinis visa est per totum mundum [3]lucens.

CCXXXIII. Annus—CCXXXVII. Annus.

682. CCXXXVIII. Annus. Mortalitas magna fuit in Britannia, [4]in qua Catgualart filius Catguolaum obiit.'

683. CCXXXIX. Annus. [5]Mortalitas [6][fuit] in Hibernia.'

684. CCXL. Annus. Terræ motus in [7]Eubonia facta est' [8]magnus.

CCXLI Annus.—CCXLIV. Annus.

689. CCXLV. Annus. Pluvia sanguinea [9]facta est' in Britannia, et [10][in Hybernia,] lac et butirum versa sunt in sanguinem.

690. CCXLVI. Annus. [6][Luna in sanguineum versa est colorem.]

CCXLVII. Annus—CCLIX. Annus.

704. CCLX. Annus. [11]Alchfrid rex Saxonum [12]obiit. [13]Dormitatio Adomnan'.

CCLXI. Annus—CCLXIX. Annus.

714. CCLXX. Annus. Nox lucida [14]fuit sicut'ꞌ dies.

[1'] *Not in B.*
[2'] Oswid, *B.*
[3'] lucere, *B.*
[4'] pro qua Catwaladir filius Catwallaun in Minorem Britanniam aufugit, *B.* Et Cadwallader rex Britanniam dereliquit et ad Armoricam regionem perrexit, *C.*
[5'] *Not in C.*

[6'] *B.*
[7'] Eumonia, *B.* Brittannia, *C.*
[8'] *Not in C.*
[9'] cecidit, *B.*
[10'] *B.C.*
[11'] Aelfrid, *B.* Adelstan, *C.*
[12'] moritur, *C.*
[13'] *Not in B.C.*
[14'] *Not in B.* facta est, ut, *C.*

A.D.

Pipinus major rex [2] Francorum obiit' [3] in Christo'

CCLXXI. Annus. CCLXXII. Annus.

717. CCLXXIII. Annus. [4] Osbrit rex Saxonum [5] moritur.'

718. CCLXXIV. Annus. Consecratio [6] Michaelis Archangeli' ecclesiæ.

CCLXXV. Annus. CCLXXVI. Annus.

721. CCLXXVII. Annus. Æstas torrida.

722. CCLXXVIII. Annus. Beli filius [7] Elfin moritur,' [8] et bellum [9] Hehil apud [10] Cornuenses; [11] gueith [12] Gartmailauc,' [13] cat Pencon apud dextrales Brittones; et Brittones victores fuerunt [14] in istis tribus bellis.'

CCLXXIX. Annus—CCLXXXIII. Annus.

728. CCLXXXIV. Annus. Bellum [15] mortis Carno.

CCLXXXV. Annus—CCLXXXIX. Annus.

734. CCXC. Annus. [16] [Ivor filius Cadwallader.]

735. CCXCI. Annus. Beda presbyter [17] dormit.

736. CCXCII. Annus. [18] Ougen rex Pictorum obiit.

CCXCIII. Annus.—CCCV. Annus.

750. CCCVI. Annus. [19] Bellum inter Pictos et Brittones, [14] id est gueith Mocetauc,' [20] et rex [21] eorum Talargan [22] a Brittonibus occiditur.' [23] Teudubr filius Beli' moritur.

---

[1] *Not in B.C.*

[2'] Franciæ moritur, *C.*

[3'] *Not in B.C.*

[4] Osfrit, *B.* 'not in *C.*

[5] obiit, *B.*

[6'] S. Michael, *C.* S. Michaelis in monte Gargano, *B.*

[7] Elphini, *C.* 'Elphin obiit, *B.*

[8] *Not in B.C.*

[9] Heil, *B.* Heyl, *C.*

[10] Corinenses, *B.* Cornubiam, *C.*

[11'] bellum Gardmailauc, *C.*

[12] Garthmailauc, *B.*

[13'] bellum Pentun inter Britones et Saxones; sed Britones victores in hiis omnibus fuerant, Iwor existente duce eorum, *C.*

[14'] *Not in B.*

[15] Montis, *B.C.*

[16] *C.*

[17] Moritur; qui hunc librum Cronicum annuatim composuit, *C.*

[18] Owinus, *B.* Oweyn, *C.*

[19'] *Not in C.*

[20] *Not in C.*

[21] Pictorum, *B.C.*

[22'] occisus est, *B.*

[23] Teudur, *B.* 'ab Heli, *C.*

A.D.

CCCVII. Annus—CCCIX. Annus.

754. CCCX. Annus. [1]Rotri rex Brittonum [2]moritur.

CCCXI. Annus. CCCXII. Annus.

757. CCCXIII. Annus. [3]Edwald rex Saxonum [2]moritur.

CCCXIV. Annus. CCCXV. Annus.

760. CCCXVI. Annus. [4]Bellum inter Brittones et Saxones, [5]id est gueith Hirford, et' [6]Dunnagual filii Teudubr' moritur."

CCCXVII. Annus—CCCXXIII. Annus.

768. CCCXXIV. Annus. [7]Pasca commutatur' apud Brittones, [8][super Dominicam diem,] emendante [9]Elbodugo homine' Dei.

CCCXXV. Annus—CCCXXX. Annus.

775. CCCXXXI. Annus. [10]Fernmail filius [11]Iudhail moritur.'

776. CCCXXXII. Annus. [12]Cemoẏd rex Pictorum [13]obiit.

777. CCCXXXIII. Annus. [14]Cudberth abbas [15]moritur.

778. CCCXXXIV. Annus. Vastatio Brittonum dextralium [16]apud Offa, [17][rege Saxonum].

CCCXXXV. Annus—CCCXXXIX. Annus.

784. CCCXL. Annus. Vastatio Brittonum [16]cum Offa in æstate.

CCCXLI. Annus—CCCL. Annus.

---

[1] Rodri, *B.C.*
[2] obiit, *B.*
[3] Edphalt, *B.* Edwalt, *C.*
[4]'' *Not in C.*
[5]' *Not in B.*
[6]' Denawal filius Teudur, *B.*
[7] Pascha, *B.* '—mutatur, *C.*
[8] *B.*
[9] Elbodu, *C.* 'Elbodo servo, *B.*
[10] Fernwail, *B.* Sernmail, *C.*
[11] Ydwal, *C.* ' Idwal obiit, *B.*
[12] Chemoith, *B.*
[13] moritur, *C.*
[14] Cubertus, *B.* Cudbertus, *C.*
[15] obiit, *B.C.*
[16] ab, *C.*
[17] *C.*

A.D.

795. CCCLI. Annus. [1] [Vastatio Rienuch ab Offa.] [2] Primus adventus gentilium [3] apud dextrales ad' Hiberniam.

796. CCCLII. Annus. Offa rex [4] Merciorum, [5] et Morgetiud rex Demetorum, morte moriuntur; et Bellum Rudglann.'
CCCLIII. Annus.[6]

798. CCCLIV. Annus. [7] Caratauc rex [8] Guenedote [9] apud Saxones' jugulatur.
CCCLV. Annus—CCCLXII. Annus.

807. CCCLXIII. Annus. [10] Arthgen rex' [11] Cereticiaun moritur.' [12] [Eclipsis solis.]

808. CCCLXIV. Annus. [13] Regin rex Demetorum [14] et [15] Catell [16] [rex] [17] Pouis moriuntur.'

809. CCCLXV. Annus. [18] Elbodg archiepiscopus Guenedote regione migravit ad Dominum.'

810. CCCLXVI. Annus. [12] [Luna obscuratur.] Combustio [19] Miniu. [12] [Mortalitas pecorum in Brittannia.]

811. CCCLXVII. Annus [20] Eugem filius [21] Margetiud moritur.'

812. CCCLXVIII. Annus. [22] Decantorum ictu fulminis [23] comburit.'

---

[1] C.

[2] Gentiles venerunt ad, C.

[3] in, B.

[4] obiit. Bellum Rudlan. Maredud rex Demetorum obiit, C.

[5] obiit, B.

[6] Maredut rex Demetorum obiit, B.

[7] Caraudoc, B. Cradauc, C.

[8] Venedotorum, B. Venedotiæ, C.

[9] a Saxonibus, B.C.

[10] Arthen, C.'—dominus, B.

[11] Kerdigeaun obiit, B. Keredigiaun—, C.

[12] B.

[13] Reyn, C. Not in B.

[14] obiit, added in B.

[15] Catel, B. Cadelh, C.

[16] B.C.

[17] Powisiæ, C. 'Powisorum obiit, B.

[18] Elbodu episcopus Wenedotiæ obiit, B. —Wenedotiæ—C.

[19] Meneviæ, B.C.

[20] Owinus, B. Oweyn, C.

[21] Meredut obiit, B. Maredut—C.

[22] Not in B. Degannoe, C.

[23] Comburitur, C.

A.D.

813. CCCLXIX. Annus. Bellum inter [1]Higuel [2][et Kinan, Howel] victor fuit.'

814. CCCLXX. Annus. [3]Tonitruum magnum fuit, et incendia multa [4] fecit. [5]Trifun filius [6]Regin moritur.' [7]Et Griphiud' filius [8]Cincen dolosa dispensatione' a fratre suo [9]Elized post intervallum duorum mensium interficitur." [10]Higuel [11]de Monia insula triumphavit, et [12]Cinan de ea expulit [13]cum contritione magna exercitus sui.'

CCCLXXI. Annus.

816. CCCLXXII. Annus. [14]Higuel iterum' de [15]Monia expulsus est [16][a Kenan:] [17]Cinan rex moritur.' [18][Saxones montes Ereri et regnum Roweynauc invaserunt.]

817. CCCLXXIII. Annus. [19]Gueith Lannmaes.

818. CCCLXXIV. Annus. [20][Ceniul regiones Demetorum vastavit.]

CCCLXXV. Annus—CCCLXXVII. Annus.

822. CCCLXXVIII. Annus. [21]Arcem Decantorum' a Saxonibus destruitur; et [22]regionem Poyuis' in [23]sua potestate' traxerunt."

CCCLXXIX. Annus—CCCLXXX. Annus.

825. CCCLXXXI. Annus. [24]Higuel [25]moritur.

---

[1] Howel, *B.C.*

[2] *B.* 'et Kenan, sed victor fuit Kenan, *C.*

[3]" *Not in C.*

[4] *Not in B.*

[5] Trifin, *B.*

[6]' Rein obiit, *B.*

[7]' Grifri, *B.*

[8]' Chengen dolose, *B.*

[9]" Elissed occiditur, *B.*

[10] Howel, *B.* 'Howel iterum pugnavit contra Kenan, et expulit eum de Mona insula, *C.*

[11] in, *B.*

[12] Conanum, *B.*

[13]' *Not in B.*

[11] Howel, *C.* 'Howel, *B.*

[15] Mon, *B.*

[16]*C.*

[17]' sed postea Kenan moritur, *C.* Chinan rex obiit, *B.*

[18] *B.* Saxones in montibus Ereri vastaverunt, *C.*

[19] Bellum Llanmais.—Lanvays, *C.*

[20] *B.*

[21]' Arx Deganhui, *B.* "Saxones arcem Degannoe destruxerunt, et regionem Poweis vastaverunt, *C.*

[22]' Powis, *B.*

[23]' suam potestatem, *B.*

[24] Howel, *B.C.*

[25] obiit, *B.*

A.D.

CCCLXXXII. Annus—CCCLXXXVI. Annus.

831. CCCLXXXVII. Annus. [1] [Eclipsis lunæ.] [2] Laudent moritur, et' [3] Satur biu hail Miniu' [4] moritur.

CCCLXXXVIII. Annus—CCCXCV. Annus.

840. CCCXCVI. Annus. [5] Nobis episcopus in Miniu regnavit.

CCCXCVII. Annus.

842. CCCXCVIII. Annus, [6] Iudguoll moritur.'

CCCXCIX. Annus.

844. CCCC. Annus. [7] Mermin moritur.' [8] Gueith Cetill.'

CCCCI. Annus—CCCCIII. Annus.

848. CCCCIV. Annus. [9] Gueit Finnant ' [10] Iudhail rex' [11] Guent a viris [12] Broceniauc occisus est.'

849. CCCCV. Annus. [13] Mouric occisus est' a Saxo·nibus.

850. CCCCVI. Annus. [14] Cinnen a gentilibus jugulatur.'

CCCCVII. Annus—CCCCVIII. Annus.

853. CCCCIX. Annus. [15] Mon vastata' [1] [est] a gen tilibus [16] nigris.

854. CCCCX. Annus. [17] Cinnen rex Pouis in Roma' obiit.

CCCCXI. Annus.

---

[1] B.
[2'] Not in B.C.
[3'] Satur wiu episcopus Menevensis, B. Sadurnven—, C.
[4] obiit, B.
[5] Novus episcopatum suscepit, B. Novis est episcopus Menevensis, C.
[6'] Not in C. Idwalaum obiit, B.
[7] Merhin, C. 'Merwin obiit, B.
[8] Gueit, B. 'Bellum Citil, C.
[9] Bellum, B. —Fynant, C.

[10] Ythail, C. 'Ithail dominus, B.
[11'] moritur, C.
[12] Brecheinauc, B.
[13] Meuric, B. '—occiditur, C.
[14'] Not in C. Cengen a gentibus occisus est, B.
[15'] Monia vastatur, C.
[16] Not in C.
[17'] Cengen Powis Romæ, B. Eygen rex Powisiæ—, C.

A.D.

856. CCCCXII. Annus. [1] Cemoÿth rex Pictorum [2] moritur; et Ionathan princeps [3] Opergelei moritur.'

CCCCXIII. Annus—CCCCXV. Annus.

860. CCCCXVI. Annus. [4] [Maileachlen obiit.]

CCCCXVII. Annus.

862. CCCCXVIII. Annus. [5] Catgueithen expulsus est.'

CCCCXIX. Annus.

864. CCCCXX. Annus. [6] Duta vastavit [7] Gliuisigng.'

865. CCCCXXI. Annus. [8] Ciannant in mer' [9] obiit.

866. CCCCXXII. Annus. Urbs [10] Ebrauc [11] vastata est'; [12] id est cat Dub gint.'

CCCCXXIII. Annus. CCCCXXIV. Annus.

869. CCCCXXV. Annus. [13] Cat [14] Brin Onnen.'

870. CCCCXXVI. Annus. [15] Arx Alt-Clut a gentilibus fracta est.'

871. CCCCXXVII. Annus. [16] Guoccaun mersus est,' rex [17] Cetericiaun.

CCCCXXVIII. Annus.

873. CCCCXXIX. Annus. [18] Nobis [19] [episcopus] [20] et [21] Mouric moriuntur.' [22] Gueith [23] Bannguolou.'

874. CCCCXXX. Annus. [24] [Llanwerth episcopus consecratur.]

---

[1] Ceinod, B.   Not in C.
[2] obiit, B.
[3'] Abergeleu obiit, B.
[4] B. Matusalem moritur, C.
[5] Catweithen, B. 'Not in C.
[6] Dutta, B. 'Not in C.
[7] Gliuissig, B.
[8'] Chian Nant newer, B. Kenan, C.
[9] moritur, C,
[10] Ebrauci, B.
[11'] vastatur, C.
[12'] Cat Du lin, B. Not in C.
[13'] Not in C.

[14] Wren, B.
[15] Not in B. 'Not in C.
[16] Gugan, B. 'Gogaun mergitur, C.
[17] Ceredigian. B. Keredigiaun, C.
[18] Novus, B. Novis, C.
[19] B.C.
[20'] moritur.
[21] Meuruc, B.
[22'] Not in C.
[23] Bannoleu, B.
[24] B.

A.D.

875. CCCCXXXI. Annus. [1] Dumgarth rex [2] Cerniu [3] [id est Cornubiæ] mersus est.'

876. CCCCXXXII. Annus. [4] Gueith Diu Sul [5] in' Mon.

877. CCCCXXXIII. Annus. [6] Rotri, et [7] filius ejus [8] Guriat, a Saxonibus' [9] jugulatur.

878 CCCCXXXIV. Annus. [10] Aed map Neill moritur.'
CCCCXXXV. Annus.

880. CCCCXXXVI. Annus. [11] Gueit Conguoẏ digal Rotri a Deo.' [3] [Gueit Conani.]
CCCCXXXVII. Annus.

882. CCCCXXXVIII. Annus. [12] Catgueithen obiit.'
CCCCXXXIX. Annus. CCCCXL. Annus.

885. CCCCXLI. Annus. [13] Higuel in Roma' [14] defunctus est.'
CCCCXLII. Annus.

887. CCCCXLIII. Annus. [15] Cerball defunctus est.'
CCCCXLIV. Annus.

889. CCCCXLV. Annus. [3] [Subin Scotorum sapientissimus obiit.]
CCCCXLVI. Annus. CCCCXLVII. Annus.

892. CCCCXLVIII. Annus. [16] Himeẏd moritur.'
CCCCXLIX. Annus.

894. CCCCL. Annus. [17] Anaraut cum Anglis venit vastare [18] Cereticiaun et [19] Strattui.'

Dumnarth, *B.* *'Not in C.*
[2] Cerneu, *B.*
[3] *B.*
[4'] Bellum die Dominica apud, *C.*
[5] en, *B.*
[6] Rodri, *B.C.*
  frater, *B.*
[8] Guiriat, *B.* *'Not in C.*
[9] jugulantur, *B.* occiduntur, *C.*
[10'] *Not in B.C.*
[11'] Bellum Congui Dial Rotri, *B.*

Bellum Conui, id est Dial Rotri, *C.*
[12] Cathweithen, *B.* *'Not in C.*
[13'] Hoelus Romæ, *B.* Howel— , *C.*
[14'] obiit, *B.*
[15'] *Not in B.C.*
[16] Hiveid, *C.* *'Not in B.*
[17'] Anaraud cum Saxonibus vastavit Keredigiaun, *C.*
[18] Ceredigaun, *B.*
[19] Stratewy, *B.*

A.D.

895. CCCCLI. Annus. [1] Nordmani venerunt et vastaverunt Loyer et Bricheniauc et Guent et
Guinnliguiauc.'

896. CCCCLII. Annus. [2] [Panis in Hibernia defecit.
Vermes de aere ceciderunt talpæ similes cum
duobus dentibus, qui totam comederunt : qui
ejecti sunt jejunio et oratione.]
CCCCLIII. Annus.

898. CCCCLIV. Annus. [2] [Elstan rex Saxonum obiit.]
CCCCLV. Annus.

900. CCCCLVI. Annus. [3] Albrit rex [4] Giuoẏs moritur.'
CCCCLVII. Annus.

902. CCCCLVIII. Annus. [1] Igmunt in insula Mon venit, et tenuit maes Osmeliaun.'

903. CCCCLIX. Annus. [5] [Merwyn filius Rodri obiit,
et] [6] Loumarch filius [7] Hiemid moritur.'

904. CCCCLX. Annus. [8] Rostri [2] [filius Heweid] [9] decole est in Arguistli.'
CCCCLXI. Annus.

906. CCCCLXII. Annus. [10] Gueith Dinmeir, et Miniu
fracta est.'

907. CCCCLXIII. Annus. [11] Guorchiguil [2] [episcopus]
[12] moritur, [13] [et Cormuc rex.]'

908. CCCCLXIV. Annus. Asser [14] [episcopus] [4] defunctus est.'

909. CCCCCLXV. Annus. [15] Catell [16] [filius Rodri]
[17] rex [12] moritur.

---

[1] Not in B.C.
[2] B.
[3] Alwryt, B. 'Not in C.
[4] obiit, B.
[5] B. Mervin rex fiiius Rodri
occiditur a gentilibus, C.
[6] Llewarch, B. 'Not in C.
[7] Heweid occisus est, B.
[8] Rodri, B. 'Not in C.
[9] decollatus est, B.

[10] Menevia deleta est, B. Bellum Dynerth, C.
[11] Gorchewil, B. Not in C.
[12] Obiit, B.
[13] B. Cormuch rex Hyberniæ
obiit, C.
[14] B. 'episcopus Britanniæ fit,
C.
[15] Catel, B. Cadelh, C.
[16] B.C.
[17] Not in B.C.

A.D.

CCCCLXVI. Annus—CCCCLXVIII. Annus.

913. CCCCLXIX. Annus. [1] Otter venit [2] [in Britanniam.]
CCCCLXX. Annus.

915. CCCCLXXI. Annus. [3] Anaraut rex [4] [Britonum] [5] moritur.
CCCCLXXII. Annus.

917. CCCCLXXIII. Annus. [6] Aelfled regina obiit.
CCCCLXXIV. Annus.

919. CCCCLXXV. Annus. [7] Clitauc rex occisus est.'
CCCCLXXVI. Annus.

921. CCCCLXXVII. Annus. [8] Gueith Dinas' [9] Neguid.
CCCCLXXVIII. Annus —CCCCLXXXIII. Annus.

928. CCCCLXXXIV. Annus. [10] Higuel rex perrexit ad Romam. [11] [Helena obiit.]
CCCCLXXXV. Annus—CCCCXC. Annus.

935. CCCCXCI. Annus. [12] [Grifinus filius Oweyn obiit.]
CCCCXCII. Annus. CCCCXCIII. Annus.

938. CCCCXCIV. Annus. [13] Bellum Brune.'

939. CCCCXCV. Annus. [14] Himeid filius [15] Clitauc, [16] et [17] Mouric' [18] moritur.
CCCCXCVI. Annus.

941. CCCCXCVII. Annus. [19] Aedelstan [2] [rex Saxonum] [5] moritur.

942. CCCCXCVIII. Annus. [20] Abloӱc rex moritur.'

---

[1] Oter, *B.* Othyr, *C.*

[2] *B. C.*

[3] Anaraud, *C.*

[4] *B.*

[5] obiit, *B. C.*

[6] Edfled, *B.* Edelfiet, *C.*

[7] *Not in B.* Cledau filius Cadell occiditur, *C.*

[8] Gueit, *B.* 'Bellum Dynas, *C.*

[9] Newit, *B. C.*

[10] Howelus Da filius Catel Romam ivit, *B.* Howel rex filius Cadell Romam perrexit, *C.*

[11] *B.* et Elen obiit, *C.*

[12] *B.* Grifut filius Oweyn occiditur, *C.*

[13] *Not in B. C.*

[14] Hewed, *B.* Hiveid, *C.*

[15] Clidauc, *B.* Cledauc, *C.*

[16] *Not in C.*

[17] Meuruc, *B.*

[18] obierunt, *B.*

[19] Elstan, *B.* Adelstan, *C.*

[20] *Not in B. C.*

A.D.

943. CCCCXCIX. Annus. [1] Catel filius [2] Artmail [3] veneno [4] moritur; [5] et Iudgual' [6] [filius Rodri] [7] et filius ejus [3] Elized a Saxonibus [8] occiduntur.'

944. D. Annus. [9] Lumberth episcopus [10] in Miniu' [11] obiit.

945. DI. Annus. [12] [Morleis episcopus [11] obiit.]

946. DII. Annus. [13] Cincenn filius [14] Elized veneno [15] periit: et' Eneuris episcopus [16] Miniu obiit.' [17] Et Strat Clut vastata est a Saxonibus.''

947. DIII. Annus. Eadmund rex Saxonum [18] jugulatus est.'

DIV. Annus. DV. Annus.

950. DVI. Annus. [19] Higuel rex Brittonum [20] [scilicet Bonus] obiit. [21] Et Catguocaun' filius [22] Ouem a Saxonibus jugulatur. [23] Et bellum Carno'' [24] [inter filios Hoeli et filios Idwal.]

DVII. Annus.

952. DVIII. Annus. [25] [Iago et Idwal filii Idwal vastaverunt Dewet.]

DIX. Annus.

---

[1] Cadell, *C.*
[2] Arthwail, *B.* Artvail, *C.*
[3] *Not in C.*
[4] extinctus est, *B.*
[5'] Idwall, *B.* Idwal, *C.*
[6] *C.*
[7'] filius cum filio Elissed obiit, *B.*
[8] jugulantur, *C.*
[9] Lunweth, *B.* Luvert, *C.*
[10'] *Not in B.* Meneviæ, *C.*
[11] moritur, *C.*
[12] *B.* Morcleis episcopus moritur, *C.*
[13] Kengen, *C.* ''*Not in B.*
[14] Elissed, *C.*
[15'] extinguitur, *C.*

[16'] moritur, *C.*
[17] ''*Not in C.*
[18'] occiditur, *C.*
[19] Hoelus, *B.* Howel, *C.*
[20] *B.* ''Cognomento Bonus moritur; cui successit Oweyn filius ejus. Sed supervenerunt duo filii Ydwal; id est Iago et Ieuaf, quos Howel e regno expulerat, et pugnaverunt contra Oweyn juxta Nant Carno, et victores fuerunt, *C.*
[21'] Cadugan, *B.*
[22] Oweyn, *B.*
[23] ''*Not in B.*
[24] *B.*
[25] *B.* Vastatio Dyvet a filiis Idwal, id est, Iago et Ieuaf, *C.*

A.D.
954. DX. Annus. [1] Rotri filius [2] Higuel moritur.'

Annus. [3] Cædes magna' inter filios Idwal et [4] [filios] [5] Hoeli, [6] in loco qui dicitur Gurguist.' [7] Anaraut filius [8] Guiriat occisus est. Guin' filius Hoeli [9] obiit.

Annus. [10] Haardus filius Meuruc mersus est.'

Annus. Annus. Annus.

Annus. [4] [Oweyn vastavit Goher.]

Annus. [11] Annus.

Annus. Idwal filius [12] occisus est.'

Annus. [6] Meuruc filius Catwan obiit.'

Annus. [6] Riderch episcopus obiit.'

Annus. [4] [Annus.]

Annus. [13] Catwallaun filius Oweni [4] [moritur].

Annus. [10] Angli vastaverunt regionem filiorum Idwal.'

Annus. Rodri filius Idwal [14] occisus est.'

Annus. [4] [Ieuaf filius Idwal a fratre suo Iago incarceratus est.]

Annus. [15] Eynon filius Oweyn vastavit [16] Goer.

Annus. [10] Mon vastata est a filio Haraldi.'

Annus.[17] - - - - - -

973. [4] [Annus. Congregatio navium in urbe Legionum a rege Saxonum Eadgar.]

Annus. Iago expulsus est a regno suo, Hoelo [18] triumphante. Meuric filius Idwal [19] cæcatus est.' [4] [Morgan obiit.]

---

[1] Rodri, *B.C.*
[2] Howel, *C.* 'Hoeli obiit, *B.*
[3]' Bellum juxta Nantconuy, *C.*
[4] *C.*
[5] Howel, *C.*
[6]' *Not in C.*
[7] Anaraud, *C.*
[8]' Guriat occiditur. Edywyn, *C.*
[9] moritur, *C.*
[10]' *Not in C.*
[11] *Not in C.*
[12]' occiditur, *C.*
[13] Cadwallaun, *C.*
[14]' moritur, *C.*
[15] Eyniaun, *C.*
[16] Goher, *C.*
[17] The events of the year erased in *B.*
[18] regnante post eum, *C.*
[19]' occiditur, *C.*

A.D.

Annus.

975. Annus. Edgar [1] Anglorum rex obiit. [2] Id-
walan filius Owein obiit.'

Annus.

Annus. [3] Eynan iterum vastavit [4] Goer.

[5] Annus.

Annus. Iago captus est [6] [a gentilibus] [7] Hoelo
filio Idwal triumphante et regnum ejus pos-
sidente.'

Annus. Idwal [8] occisus est.'

Annus.

Annus. [9] Gothrit et Haraldus vastaverunt
Devet et Meneviam.'

Annus. [6] [Annus.] [10] Hoelus filius Idwal et
Alfre dux Anglorum vastaverunt Brecheinauc
et totam regionem Einaun filii Owini, sed
Einaun ex eis multos occidit.'

[2] Annus. Eynan filius Owini occisus est.'

Annus. Howelus filius [11] Idwal ab Anglis
occisus est.'

[2] Annus. Meuric filius Idwal occisus est.
Maredut filius Owini occidit Catwalaun filium
Idwal, regnumque ejus, scilicet Wenedociam,
possedit.'

987. Annus. [12] Gothrit filius Haraldi cum nigris
[13] gentilibus vastavit [14] Mon, [2] captis duobus

<hr>

[1] Saxonum, *C.*
[2'] *Not in C.*
[3] Eyniaun, *C.*
[4] Goher, *C.*
[5] *Not in C.*
[6] *C.*
[7'] Ieuaf tenente regnum ejus, *C.*
[8'] occiditur, *C.*
[9'] Vastatio Dyvet et Meneviæ a Godisric filio Haraldi, *C.*
[10'] Einiaun filius Owein pugnavit contra Saxones, Alfre existente eorum duce, et contra Howel filium Ieuaf, et multos interfecit ex eis. Sed Eyniaun ab optimatibus de Went dolo occiditur, *C.*

[11] Ieuaf occiditur, et Maredut filius Owein interfecit Cadwallaun filium Iovab et ejus regnum possedit, *C.*
[12] Godisric, *C.*
[13] Gentibus, *C.*
[14] Meneviam, *C.*

A.D.

millibus hominum : reliquias vero Maredut
secum asportavit ad Keredigean et ad Demetiam.'

Annus. [1] Idwal filius Idwal [2] obiit. [3] Owinus
filius [4] Hoeli obiit.' Gentiles vastaverunt Meneviam, et Llan [5] Patarn, et Llan Iltut, et
Llan Carvan, et Llan Dethoch.'

Annus. [6] Maredut redemit captivos a gentilibus nigris, nummo pro unoquoque dato.'
[7] Mortalitas hominum pro fame.'

[7] Annus. Owynus filius Denawal occisus est.'

Annus. Maredut [7] filius Owein' vastavit maes
[8] Hewed.

[9] Annus.

Annus. [10] Guyn filius Eynaun, duce Edelisi
Anglico, dextralium Britonum adjumento,
regiones Maredut, i. e. Demetiam et Keredigeaun, Guhir et Kedweli, devastat. Tertio
Menevia vastata est.'

Annus. [11] [Annus.] [7] Fames affuit in regno
Maredut.' Bellum inter filios Meuruc et Maredut [12] filium Owini juxta Languin, in quo'
victores fuere filii Meuruc. Teudur filius
Einaun [13] occisus est.'

Annus. [7] Sweyn filius Haraldi Eumoniam
vastavit.'

Annus.

Annus. Idwal filius Meuruc [13] occisus est.'

---

[1] Iovab, C.
[2] moritur, C.
[3] Owein, C.
[4] Howel moritur, C.
[5] Padarn et Landioch, C.
[6] Maredut censum reddit nigris gentibus, scilicet nummum pro uno-quoque homine, C.
[7] Not in C.
[8] Hiveid, C.
[9] Not in C.
[10] Owein filius Eyniaun vastavit Dyvet et Keredigeaun, C.
[11] C.
[12] sed, C.
[13] occiditur, C.

A.D.

Annus. [1][Annus. Annus. Annus. Annus.]

Annus. Menevia [2]vastata est' a gentilibus, et Morganeu episcopus [3] ab eis occisus est.' Maredut [4]rex, filius [5]Owini, obiit.'

Annus. Kinan, filius Hewel, [6]Venedociam tenet.'

Annus. [6]Gentiles vastaverunt Demetiam.'

Annus. Annus.

Annus. [7]Conanus filius Hoeli [8]occisus est.'

Annus. Annus. Annus. Annus. Annus. [4]Annus.

Annus. Menevia a Saxonibus [9]vastata est' [10][scilicet] [11]Edris et Ubis.' [6]Naufragium Sweyn patris Cnut.'

1013. [10][Annus Annus. Bianus rex Hiberniæ cum filio suo Ascuthin, scilicet rege Dulyn, occiditur.]

1014. Annus. Sweyn [12]adiit regionem Anglorum. Edelrit filius Etgar expulsus est a regno suo, quod Sweyn invasit, sed in eodem obiit.'

Annus.

[6]Annus. Owinus filius Dunawal occisus est.'

1016. Annus. Cnut filius Swein regnum Anglorum [13]occupavit.

[4]Annus.

Annus. Aidan filius [14]Blegeurit, cum iiii. filiis [15]suis, occisus est a Grifino filio Lewelin rege Britonum.'

Annus. Annus.

---

[1] *C.*

[2] vastatur, *C.*

[3] occiditur, *C.*

[4] *Not in C.*

[5] Owein moritur, *C.*

[6] *Not in C.*

[7] Kenan, *C.*

[8] occiditur, *C.*

[9] vastatur, *C.*

[10] *C.*

[11] Edrich et Ubrich, *C.*

[12] rex Angliæ, *C.*

[13] obsedit, *C.*

[14] Bledkenred, *C.*

[15] a Lewelino occiditur, *C.*

A.D

Annus. Meuric filius Arthawail [1] occisus est.'

Annus. [2] Reyn Scotus mentitus est se esse filium Maredut qui obtinuit dextrales Britones ; quem Seisil rex Venedotiæ in hostio Guili expugnavit, et occisus est Reyn. Eilaf vastavit Demetiam. Menevia fracta est.'

1023. Annus. Lewelin [3] filius Seisil obiit.' Riderch [4] filius Yestin dextrales rexit Britones.'

Annus.

Annus. [5] Morgannuc episcopus obiit.'

Annus.

Annus. [6] Conanus filius Seisil [7] obiit.

Annus. Annus. Annus. Annus. Annus.

Annus. Ryderch filius [8] Yestin occisus est a Scotis.' [9] [Iacob et filii Eruin] Hoelus et Maredut tenuerunt [10] ejus regionem.'

Annus. [11] Gueith Hiradus.

1035. Annus. Maredut filius Edwini a filiis [12] Conani occisus est.' Caradauc filius Rederch ab [13] Anglis occisus est.' Cnut filius Sweyn rex Anglorum [14] obiit.

Annus. Annus. Annus.

1039. Annus. [9] [Gentiles tenuerunt Meuric filium Howel. Iacob rex Venedotiæ occiditur] [15] Griffinus filius Lewelin in Nortwallia regnare inchoavit ; qui dum regnavit, Anglos

---

[1] occiditur, *C.*

[2] Lewelin filius Seisill, rex Venedotiæ, pugnavit contra Reyn, qui se dicebat esse filium Maredut ; et devictus est Reyn in ostilo Guili. Eilaph venit in Britanniam et vastavit Dyvet et Meneviam, *C.*

[3] moritur, *C.*

[4] regnum dextralium Britonum tenuit. *C.*

[5] *Not in C.*

[6] Kenan, *C.*

[7] occiditur, *C.*

[8] Iestyn occiditur, *C.*

[9] *C.*

[10] regnum, *C.*

[11] Bellum Iratur, *C.*

[12] Kenan occiditur, *C.*

[13] Anglicis occiditur, *C.*

[14] moritur, *C.*

[15] Pro quo Grifut ab Lewelyn regnavit, et Howiel filium Edwyn expulit, *C.*

et gentiles persecutus est. Bellum in vado Crucis super Sabrinam cum eis commisit, eosque devicit. Eodem anno dextrales rexit Britones, et Hoelum filium Edwini ab ea expulit.'

Annus. [1] Erwyn episcopus Meneviæ [2] obiit.

Annus. Bellum Pencadeir, in quo [3] Grifinus superavit Hoelum.'

Annus. [4] Bellum Pullduwath, in quo Hoelus victor fuit. Grifinus captus est a gentilibus Dulin.'

[4] Annus. Hoelus filius Owein obiit.'

Annus. [5] Hoelus filius Etwini, accepta classe gentilium, intrat hostium Tewy ; quem Grifinus filius Lewelini bello suscepit, eumque versum clade suorum occidit.'

Annus. [4] Ioseph episcopus Landavensis Romæ obiit.' [6] [Seditio magna orta fuit inter Grifud filium Lewelin et Grifud filium Riderch.]

1047.   Annus. [6] [Annus.] Familia [7] Griffini ad modum CXL. dolo optimatum Stratewi [6] [et Dyvet] [4] ceciderunt ; in cujus vindicta rex Grifinus Demetiam et Stratewi devastavit. Nix cecidit, et duravit a Kalendis Januarii usque ad festum Sancti Patricii, quam appellaverunt magnam nivem.'

Annus.

---

[1] Hervin, *C.*

[2] moritur, *C.*

[3] Grifud victor fuit. Eodem anno Grifud captus fuit a gentilibus Dulyn, *C.*

[4] *Not in C.*

[5] Hoel filius Edwyn, acceptis viginti navibus gentilium, coronatus est, et cœpit desolare Cambriam ; cui obviavit Grifud filius Lewelyn, et commisso bello in ostio Teivi, cum magna parte exercitus sui Howel cecidit ; Grifud autem victor fuit, *C.*

[4] *Not in C.*

[6] *C.*

[7] Grifud, *C.*

A.D.

Annus. [1][Hoc anno] tota dextralis patria [2]deserta est.'

Annus. Annus.

Annus. Classis Hiberniæ in dextrali parte [3]periit.

Annus. Annus. Annus.

1055. Annus. [4]Grifinus, filius [1][Lewelin, Grifud filium] [5]Riderch occidit,' [6]et Herfordiam vastavit.'

Annus. [7]Magnus filius Haraldi, vastavit [8]regionem Anglorum,' auxiliante [9]Grifino rege Britonum.

Annus. Owinus filius [10]Grifini obiit.'

Annus. Annus. Annus.

1063. Annus. [11]Grifinus filius Lewelini rex Britonum [12]nobilissimus, dolo suorum occisus est.'

[7]Annus. Ioseph Meneviæ episcopus [13]obiit.

Annus. Annus. Annus.

1066. [14]Haraldus Gothorum rex Anglos conatur sibi subjugare, quem alius Haraldus filius Gotwini repentino bello excepit et occidit; ipsum autem pro habita victoria gloriantem, Willelmus Bastard, Normannorum dux, Angliæ regno privavit.'

---

[1] C.

[2]' destructa est, metu gentilium, C.

[3] Cambriæ prædavit, C.

[4] Grifud, C.

[5]' Rederch interfecit, C.

[6]' Annus. Destructio Hereford a Grifud, C.

[7] Not in C.

[8]' regiones Angliæ, C.

[9] ei Grifud, C.

[10]' Grifud moritur, C.

[11] Grifud, C.

[12]' cecidit, C.

[13] moritur, C.

[14]' Haroldus rex Gothorum cum magno exercitu invasit regiones Angliæ; cui obviavit alius Haroldus, filius Gotwini, et eum interfecit. Sed iterum supervenit Willelmus quidam, Normannorum dux, et Haroldum Anglorum regem vita et regno privavit, C.

A.D.
1068. Annus. Annus. Annus. [1] Bellum Methein inter filios [2] Kenwin, [3] scilicet [4] Bledin et [5] Ruallo et filios [6] Grifni, [3] scilicet [7] Maredut et Idwal, [8] in quo filii Grifini ceciderunt, Idwal bello, Maredut frigore, Ruallo etiam filius Kenwin occisus est,' Bledin [9] in regnum successit.'

Annus. Annus. [7] Maredut filius [10] Owini [11] [a Cradauc filio Griffid et] a Francis [12] occisus est' [11] [super ripam Remny. Diermid Scotorum rex in bello occiditur.]

1071. Annus. [11] [Franci vastaverunt Keredigiaun.] Menevia [13] vastata est' a gentilibus, et Bangor similiter. [14] Bleiduth episcopus [15] Meneviæ [16] obiit. [17] Sulgen [18] illi episcopatui successit.'

1072. Annus. [19] De Mungumeri Hugo vastavit Keredigiaun.'

[1] Annus.

1073. Annus. [20] Bledint filius [21] Kenwin dolo [11] [malignorum hominum] ductus [22] Stratewy a [23] Reso filio [24] Owini occiditur, [11] [cui successit Traharin filius Cradauc ejus consobrinus re-

---

[1] *Not in C.*
[2] Cinnin, *C.*
[3] id est, *C.*
[4] Bledyn, *C.*
[5] Ruallaun.
[6] Grifut, *C.*
[7] Mareduc, *C.*
[8]' in bello; Mareduc frigore in quo etiam bello Ruallaun occiditur, *C.*
[9]' autem regnavit, *C.*
[10] Owein, *C.*
[11] *C.*
[12]' occiditur, *C.*

[13]' vastatur, *C.*
[14] Bledud, *C.*
[15] Menevensis, *C.*
[16] moritur, *C.*
[17] Sulgenius, *C.*
[18]' episcopatum accepit, *C.*
[19]' Franci iterum vastaverunt Keridigiaun, *C.*
[20] Bledin, *C.*
[21] Kennin, *C.*
[22] de Stratewy, *C.*
[23] Res, *C.*
[24] Owein, *C.*

A.D.

gnum Venedociæ tantum tenens. Sed Res⁻
et Rederch filii Cradauc dextralem Britanniam habuerunt. Grifud autem nepos Iacob
non obsedit bellum Candubr inter filios
Kadugaun et inter Re set Rederch, qui victores fuerunt.]
Annus. [1] Riderch filius [2] Caradauc [3] [dolo]
occiditur [3] [a consobrino suo Meirchaun].

1075. Annus. Bellum [4] Guinnitul inter filios [5] Cad-
dugon [3] [id est] [6] Goroniu et Lewelin,' et
[3] [inter] [7] Resum filium [8] Owini, [9] et ab eo'
victi sunt.

1076. Annus. Bellum [10] Pullgudic, in quo [11] Trahern
rex [12] Norwalliæ victor fuit, [3] [et tota familia
Res cecidit. In fine vero hujus anni] [7] Resus
et [13] Hoelus [14] frater ejus' a [15] Traharn filio
[16] Caraduc [17] occisus est.' [3] [Sulgenus episcopatum deserit, et Abraham accepit.]

1077. Annus. [18] Filius Teudur Resus regnare inchoavit.'

1078. Annus. Menevia a gentilibus [19] vastata est,
[3] [et Abraham a gentilibus occiditur. Sulgenus
iterum episcopatum accepit.]

1079. Annus. Bellum montis Carn, in qua [20] Cara-
darn filius [2] Caradoci et [2] Caraduc filius

---

[1] Rederch, C.
[2] Cradauc, C.
[3] C.
[4] Not in C.
[5] Kadugaun, C.
[6]' Lewelin et Gronou, C.
[7] Res, C.
[8] Owein, C.
[9]' qui iterum, C.
[10] Pullgudit, C
[11] Traharn, C.

[12] Venedociæ, C.
[13] Howel, C.
[14]' ejus frater, C.
[15] Cradauc, C.
[16] Grifud.
[17]' occiduntur, C.
[18]' Res filius Teudur incepit regnare, C.
[19]' vastatur, C.
[20] Traharn, C.

A.D.

[1]Gorvini et [2]Goethi filius [3]Ruallan, [4]a Reso filio Teudur, et a Grifino filio Conani occisus est.' Gurgeneu filius Seisil occisus est.' [5]Willem rex Angliæ [6]causa orationis Sanctum David adiit.'

Annus. Annus. Annus. [7][Annus. Rex Scotorum moritur.]

1083. [8]Annus. Sulgenius episcopatum reliquit, cui frater successit.'
Annus.

1085. Annus [9]Willielmus [10]Bastard obiit; cui successit [11]filius suus Willielmus Rufus.'

1087. Annus. [12]Resus filius Teudur [13]a regno suo [14]expulsus est' a filiis [15]Bledint, [16]scilicet, Madauc, [17]Cadugan, et [18]Ririt. [19]Resus vero ex Hibernia classem duxit et' revertitur [7][in Britanniam.] Bellum [20]cum illis gessit in Penletheru,' in quo [7][duo filii Bledit, id est] Madauc et [21]Ririt ceciderunt, [7][et Res victor fuit. Ingentem censum captivorum gentilibus et Scotis Res filius Teudur tradidit.]

1088. Annus. [22]Archa Sancti David [23]ab ecclesia

---

[1] Grifud, *C.*
[2] Meilir, *C.*
[3] Ruallaun, *C.*
[4] et Res filius Teudur, et Grifud filius Eynaun, filii Iacob occiduntur, *C.*
[5] Willelmus, *C. Added in a later hand,* Annus Domini Mº LXXXII. quo anno Res filius Teudur dedit terram de Ririd ecclesiæ de.
[6] ad Sanctum David orationis causa perrexit, *C.*
[7] *C.*
[8] *Not in C.*
[9] Willelmus, *C.*
[10] rex, *C.*

[11] Edrich frater, et ipse Willelmus, *C.*
[12] Res, *C.*
[13] de, *C.*
[14] expellitur, *C.*
[15] Bledit, *C.*
[16] id est, *C.*
[17] Cadugaun, *C.*
[18] Ryrid, *C.*
[19] Ipse vero Yberniam adiit, et classe accepta, *C.*
[20] Penlethereu geritur, *C.*
[21] Ririd, *C.*
[22] Scrinium, *C.*
[23] de, *C.*

A.D.

¹[sua] ²furata est,' et ³auro argentoque quibus tegebatur spoliata est.' ¹[Terræ motus ingens per totam Britanniam fuit.] Annus.

1089. Annus. ¹[Sulgenus episcopus LXXV. ætatis suæ anno moritur.] Menevia ⁴fracta est' a gentilibus ⁵insularum. Kedivor filius Gollerwin obiit, cujus filii invitaverunt Grifinum filium Maredut, quem Resus filius Teudur expugnavit et occidit juxta Llandedoc.' Annus.

1091. Annus. ¹[Annus.] ⁶Resus filius Teudur ⁵rector dextralis partis' a Francis ⁷Brechenauc occisus est,' post cujus obitum ⁸Cadugaun filius Bledint prædatus est Demetiam pridie Kalendarum Maii. Circiter Kalendas Julii Franci primitus Demetiam et Keredigean tenuerunt, et castella in eis locaverunt, et abinde totam terram Britonum occupaverunt.' ⁹Mailcholum ¹⁰Scottorum rex' ¹¹occisus est.'

1092. Annus. ¹²Willelmus ¹³Anglorum rex' Normanniam adiit, ¹⁴quo ibi morante, ¹[et fratrem suum expugnante,] Britanni ¹⁵jugum Francorum' ¹⁶respuerunt, ¹⁷Wenedociam, Ce-

---

¹ C.
² furatur, C.
³' juxta civitatem ex toto spoliatur, C.
⁴' frangitur et destruitur, C.
⁵' Not in C.
⁶ Res, C.
⁷' qui in Bretheniauc habitabant occiditur, C.
⁸' Dyuet vastatur a Cadugaun filium Bledin. Postea circa kalendas Julii Franci Keredigaun et Dyvet

invaserunt, et castella in eis firmaverunt, C.
⁹ Malcolum, C.
¹⁰' rex Scotorum, C.
¹¹' occiditur a Francis. C.
¹² Willelmus.
¹³' rex Anglorum, C.
¹⁴ ipsoque, C.
¹⁵' Francorum jugum, C.
¹⁶ respuunt, C.
¹⁷' et castella eorum in Noruuallia diruunt, castra Francorum in Keredigaun et Dyuet, C.

A.D.

reticam, et Demetiam ab iis et eorum castellis emundaverunt,' exceptis duobus, [1] id est
in' Pembroc et [2] aliud in' Ricors.

Annus. Franci devastaverunt Goher [3] et Kedweli [3] et [4] Stratewi. [5] Demetia Ceretica' et
[4] Stratewi [6] deserta manent.' [7] Mediante [8] [au-
tem] autumno [9] rex Anglorum Willielmus
contra Britones movit exercitum,' [10] quibus
Deo tutatis,' vacuus [11] ad sua' rediit.

Annus. [12] Willielmus filius [13] Baldewini [14] in
Domino Ricors obiit,' [15] quo mortuo castellum
[16] vacuum reliquitur.' [3] Britones Brecheniauc
et Guent et [17] [Guenlinnc] [18] cædem non modicam de Francis in Celli Darnauc fecerunt.
Modico intervallo . . . . . a filiis Ednerth
filii Cadugan in Aberllec occisi sunt.' [19] Uthtrit filius [20] Etwini et [21] Hoelus filius [22] Goronou
[23] Penbrochiam devastaverunt,' [8] [et incolumes domum redierunt.]

1097.   Annus. [3] MXCVII. Geraldus [24] præfectus [8] [de
Penbroc] [25] Meneviæ fines' devastavit Willel-

---

[1] scilicet, *C.*
[2] *Not in C.*
[3] *Not in C.*
[4] Estratewi, *C.*
[5] Keredigaun et Dyuet, *C.*
[6] desertæ manserunt, *C.*
[7] Media, *C.*
[8] *C.*
[9] Willelmus rex Anglorum exercitum contra Britones movit, *C.*
[10] sed, *C.*
[11] domum, *C.*
[12] Willelmus, *C.*
[13] Baldwin, *C.*
[14] qui jussu regis Willelmi castellum Rydcors fundavit, moritur, *C.*
[15] eo, *C.*
[16] a custodibus deseritur, *C.*

[17] *C.* illegible in *A.*
[18] jugum Francorum respuunt,
sed Franci exercitum movent in
Guent, et nihil impetrantes vacui
domum redeunt, et in Kellitravant
versi sunt in fugam. Iterum venerunt in Brechinauc et castella
fecerunt in ea, sed in reditu apud
Aberlech versi sunt in fugam a
filiis Idnerth filii Kadugaun, *C.*
[19] Uchrid, *C.*
[20] Edwin, *C.*
[21] Howel, *C.*
[22] Gronoe, *C.*
[23] vastaverunt provinciam de
Pembroc, *C.*
[24] dapifer, *C.*
[25] fines Meneviæ, *C.*

A.D.

mus rex [1]Angliæ [1]secundo [2]in Britones
excitatur,' [3]eorum omnium minans excidium
Britones vero divino protecti munimine in
sua remanent illæsi, rege vacuo redeunte.'

1098. Annus [1]MXCVIII. Omnes Venedoti [4]in Mon
insula se receperunt, et ad eos tuendos de
Hibernia piratas invitaverunt, ad quos expugnandos missi sunt duo consules, Hugo
comes urbis Legionum, et alter Hugo; qui
contra insulam castrametati sunt. Quos pi-
ratæ eorum munere corrupti in insulam introduxerunt, eumque vastaverunt.' [5]Cadugan
filius [6]Bledint et [7]Grifinus filius [8]Conani,
[9]relicta insula,' [10]Hiberniam [11]aufugerunt.'
[12]Francis in insula morantibus,' Magnus rex
Germaniæ [13]cum exercitu venit in insulam
volens, sed ei nolenti Franci ei occurrentes
se invicem sagittis salutaverunt, hi de terra,
illi de mari, alter comes sagitta in facie percussus occubuit. Quo facto, Magnus abivit
Franci vero majores et minores secum ad
Angliam perduxerunt.'

1099. Annus [1]MXCIX. Cadugaun filius [14]Bledint

---

[1] *Not in C.*
[2]' contra Britannos exercitum movit, *C.*
[3]' sed nihil impetrans vacuus domum rediit, *C.*
[4]' Congregati sunt in insula Mon et Gentiles de Ybernia ad se tutandos invitaverunt contra duos Hugones consules Francorum. Sed Gentiles pretio corrupti consules in insulam introduxerunt et castra ibi fecerunt, *C.*
[5] Cadugaun, *C.*
[6] Bledin, *C.*

[7] Grifut, *C.*
[8] Kenan, *C.*
[9]' insulam reliquerunt et, *C.*
[10] Yberniam, *C.*
[11] adeunt, *C.*
[12]' Postea, *C.*
[13]' ad insulam Mon venit et prœlium cum consulibus commisit; sed alter consulum vulneratus in facie cecidit; alter vero cum majoribus insulam dereliquit. Postea vero Magnus rex insulam Mon repente reliquit, *C.*
[14] Bledin, *C.*

A.D.

de [1]Hibernia [2]rediit; [3]qui pacatis sibi
Francis partem terræ suæ capiens, a viris
Brecheniauc occisus est.'   [4]Grifinus filius
[5]Conani [6]Mon obsedit.   [7]Hoelus [8]autem
filius [9]Ithail ad [10]Hiberniam [11]fugit [12]Rege-
warc filius [13]Sulen [14][episcopus] [15]obiit.

1100.   Annus [8]MC.   Willelmus rex [16]Angliæ [17]a
quodam milite suo cervum petente, sagitta'
percussus, [18]interiit; [19]cui frater suus junior,
scilicet Henricus, in regnum successit; nam
Willielmus   frater   suus   concubinis   usus
absque liberis interiit.'   [20]Robertus Court-
house eorum frater senior ab Hierosolimis
rediens et regnum Angliæ sibi vendicans a
fratre suo Henrico captus est.'   [14][Thomas
archiepiscopus Eboraci, id est Cayr Ebrauc,
moritur, cui Geraldus Herfordensis episcopus
successit.   Anselmus archiepiscopus Cantuariensis a Willelmo rege in exilium missus, et
postea ab Henrico rege revocatus ad episcopatum suum rediit.]

1101.   Annus [8]MCI.   Hugo [21]comes Crassus urbis

---

[1] Ybernia, *C.*

[2] rediens, *C.*

[3] pacificatns est cum Francis et partem regni sui accepit. Lewelin filius Cadugaun ab hominibus de Brecheiniauc occiditur, *C.*

[4] Grifud, *C.*

[5] Kenan, *C.*

[6] Moniam, *C.*

[7] Howel, *C.*

[8] *Not in C.*

[9] Yduual, *C.*

[10] Yberniam, *C.*

[11] perrexit, *C.*

[12] Rikewarth, *C.*

[13] Sulien.

[14] *C.*

[15] moritur, *C.*

[16] Anglorum, *C.*

[17] improviso ictu sagittæ a quodam milite in venatu, *C.*

[18] occubuit, *C.*

[19] cujus regnum accepit Henricus frater ejus junior, et filiam Malcolum regis Albanorum in conjugem duxit, *C.*

[20] Robertus vero frater Willelmi regis Ierosolimis tunc temporis erat, sed audiens fratris sui obitum statim repatriavit, *C.*

[21] Placed after Legionum in *C.*

A.D.

Legionum [1] obiit, [2] [cui Rogerus ejus filius successit]. [3] Gronou filius [4] Cadugan obiit. [5] Henricus rex duxit filiam regis Scotorum.'

1102. Annus [6] MCII. Seditio [2] [magna] orta est inter [7] Robertum Belleem et Henricum regem.' [8] Iorwert filius [9] Bledint [10] Maredut fratrem suum cepit, regi tradidit—'

1103. Annus [6] MCIII. [2] [Magnus rex apud Dulin occiditur.] [8] Iorward filius [9] Bledint [11] apud Saresberiam a rege Henrico injuste capitur,' [2] [decus et solamen Britanniæ.] [5] Discordia inter regem Henricum et [12] Anselmum archiepiscopum, eo quod nollet consecrare eos quibus rex dederat ecclesias speciales.'

1104. [2] [Annus]. Annus [6] MCIV. [13] Owinus filius [14] Edwini [2] [longa confectus ægritudine] obiit. [2] [Interea] [15] Hoelus filius [3] Gronou a Ricardo filio [16] Baldewini expulsus prædas [2] [magnas] fecit.

1105. Annus [6] MCV. [15] Hoelus filius [3] Gronou a Francis [17] Ritcors et a [18] Gogan filio [19] Meuruc [20] dolose occisus est Robertus comes [2] [Belem] a fratre suo Henrico [2] [rege] in bello captus est [2] [et incarceratus]. Meuric et [21] Grifinus filii [22] Traharn ab [23] Owino filio Cadugaun [24] sunt occisi.'

---

[1] moritur, C.
[2] C.
[3] Gronoe, C.
[4] Cadugaun, C.
[5]' Not in C.
[6] Not in C.
[7]' Henricum regem et Robertum ratrem ejus, C.
[8] Ioruerth, C.
[9] Bledin, C.
[10]' cepit fratrem suum Mareduch et eum in carcerem regis trusit, C.
[11]' Captus est ab hominibus regis apud Slopesburium, C.

[12] A in MS.
[13] Owein, C.
[14] Edwin, C.
[15] Howel, C.
[16] Bleduin, C.
[17] Rydcors, C.
[18] Gogaun, C.
[19] Meuric, C.
[20] Placed immediately after Gronoe in C.
[21] Grifri, C.
[22] Traharyn, C.
[23] Oweno, C.
[24]' occisi sunt, C.

C

A.D.

1106.   Annus [1] MCVI.   [2] Maredut filius [3] Bledint de
carcere evasit.   [4] [Eadgarus filius Malcolum
obiit, cui successit frater ejus Alexander.]
[5] Constitutus est ordo Canonicorum in ecclesia
Sanctæ Mariæ de Suwerke.   Rex Henricus
subjugavit sibi totam Normanniam, capto
fratre suo et multis viris illustribus.'

1107.   Annus [1] MCVII.   Flandrenses ad Ros venerunt.   Geraldus dapifer [4] [firmavit] castellum
[6] Chenarth Bechan.'   [5] Facto conventu omnium fere magnatum Angliæ apud Londoniam,
rex concessit ut nunquam per donationem
baculi pastoralis vel annuli quisquam de
episcopatu vel abbatia per regem vel
quamlibet laicam manum in Angliam investiretur.'

1108.   [5] Annus MCVIII.   Kalendis Julii fundata est
abbatia de Trinitate.'

1109.   [5] Annus MCIX.   Incipit ordo Præmonstratensium.'

1110.   Annus [1] MCX. Castellum [7] Chenarth [1] Wechan
ab [8] Owino filio Cadugaun [9] combustum est;'
[10] pro quo facto ipse Owinus ad Hiberniam
pulsus rediit.'

1111.   Annus [1] MCXI.   [11] Iorwert filius [3] Bledint
[4] [jussu regis] de carcere [4] [in patriam suam]
rediit.   [12] Owinus et Madocus filii Ririt' combusserunt [13] Meirionnith, [4] [hominesque ibi et

---

[1] Not in C.

[2] Mareduc, C.

[3] Bledin, C.

[4] C.

[5] Not in C.

[6] de Kilgarran, C.

[7] Kenarth, C.

[8] Owein.

[9] destruitur, C.

[10] quam ob rem expulsus est ad Yberniam, sed eodem anno rediit C.

[11] Ioruerth, C.

[12] Owein filius Cadugaun et Mareduc filius Ririd, C.

[13] Meyronnith, C.

A.D.

armenta occiderunt. Postea] [1] Owynus [2] divertens ad Keredigeaun' irruptionis fecit in Flandrenses; [3] pro quo' Cadugaun [4] pater ejus' [5] Keredigeaun amisit, et [6] Gileberto filio Ricardi traditur. [7] [Ipse vero] [1] Owynus et [8] Madocus [7] [expulsi] [9] Hiberniam petunt. [7] [Sed] [8] Madocus [7] [iterum de Ybernia] rediit, et [10] in silvis latuit.'

1112. Annus [11] MCXII. [12] Iorwarth a [8] Madoco nepote suo [13] occisus est,' [7] [et ab eodem Madauc Cadugaun suus avunculus occiditur. Interea] [1] Owinus de [14] Hibernia [15] rediens terram suam a rege accepit. [16] Mortalitas hominum maxima.'

1113. Annus [11] MCXIII. Robertus de [17] Belleem a rege [18] captus est.' [16] Ingreditur Sanctus Bernardus Cistercium.' [19] Owinus privat oculis Madocum filium Ririt.'

1114. Annus [11] MCXIV. Henricus rex [20] exercitum inde Walliam movens ad inde castellum venit,' et pacificus [7] [domum] rediit.

1115. Annus [11] MCXV. [21] Wilfre [22] Menevensis episcopus' [23] obiit; cui successit [7] [quidam Normannus] Bernardus [7] [nomine] [11] episcopus. [24] Grifinus

---

[1] Owein, *C.*
[2'] venit de Keredigaun et, *C.*
[3'] quapropter, *C.*
[4'] ejus pater, *C.*
[5] Kereticam terram, *C.*
[6] Gilberto, *C.*
[7] *C.*
[8] Madauc, *C.*
[9] Yberniam, *C.*
[10'] latuit in silvis. *C.*
[11] *Not in C.*
[12] Ioruerth, *C.*
[13'] occiditur, *C.*
[14] Ybernia, *C.*

[15] rediit et, *C.*
[16'] *Not in C·*
[17] Belem, *C.*
[18'] capitur, *C.*
[19'] Annus. Madauc filius Ririd a familia Mareduc tenetur et traditur Owein, qui eum oculis privavit, *C.*
[20'] movit exercitum in Kambriam, *C.*
[21] Wilfridus, *C.*
[22'] episcopus Menevensis, *C.*
[23] moritur, *C.*
[24] Grifut, *C.*

c 2

A.D.

filius [1]Resi [2]ad Grufet filium Conani in Norwalliam ivit; qui ibidem inclusus in quadam ecclesia,' multis de [3]suis [4]occisis, vix evasit, [5]et ad Stratewy rediens, irruptiones in Flandrenses fecit.' [6]Fundata est abbatia Claræ vallis et Morimundi.'

1116. Annus [7]MCXVI. [8]Grifinus filius [1]Resi [9][castellum Arberth invasit et destruxit, et] [10]Owinum filium Cadugaun in Kairmerdin, villa combusta, occidit.' [6]Ecclesia Sancti Albani dedicata est, rege Henrico præstante et coronam ibi gestante.' [9][Bellum geritur apud castellum Aber Ystoit. Owein a Flandrensibus in Estrat Brunus occiditur. Eynaun filius Cadugaun et Grifut filius Mareduc castellum Vedrith quod est Kymmer fregerunt, et terram ejus obtinuerunt.]

1117. Annus [7]MCXVII. [11]Gilebertus filius Ricardi [12]obiit.

1118. Annus [7]MCXVIII. Bellum [13]Maismain Cemro,' in quo [14]Lewarch filius [15]Owini cecidit. [16]Hoelus [17]vero [18]Ythail [19]vulnus accepit, quo tandem interiit.' [6]Obiit Matilda secunda Anglorum regina.'

---

[1] Res, C.

[2'] perrexit ad Teuec ad Grifut filium Kenan, qui ibi in quadam ecclesia conclusus, C.

[3] familia sua, C.

[4] interemptis, C.

[5'] et Grifut filius Res rediens ad Estratewi irruptiones fecit in Flandrenses, C.

[6'] Not in C.

[7] Not in C.

[8] Grifut, C.

[9] C.

[10'] villam de Cayrmerdyn combussit et Owein filius Cradauc ibi occiditur, C.

[11] Gilbertus, C.

[12] moritur, C.

[13'] Mays maynkembro, C.

[14] Lynnarch, C.

[15] Ouuein, C.

[16] Houuel, C.

[17] filius, C.

[18] Ydwal.

[19'] ibi vulneratus, de quo vulnere postea obiit, C.

A.D.

1119. Annus [1]MCXIX. [2]Murchach [1]maximus [3]rex Hiberniæ' obiit.

1120. Annus [1]MCXX. [4][Filius Henrici regis apud Barbefleth submersus est.]

1121. Annus [1]MCXXI. Henricus rex [4][Angliæ] [5]in Powisenses movit exercitum ; at ipsi datis decem millibus pecorum cum eo pacificati sunt.'

1122. [6]Annus MCXXII. Grifinus filius Sulhairn occisus est.'

1123. Annus [1]MCXXIII. [7]Eynan filius Cadugaun [8]obiit. Ithail filius [9]Ririt [10]a carcere solutus est. [11]Catwallaun et [12]Owyn filii [13]Grifini [14]Meirionnyth . . spoliaverunt, et armentis. . .

1124. Annus [1]MCXXIV. [13]Grifinus filius [15]Meredut [16][occidit] Ithail filium [9]Ririt, consobrinum suum. [17]Catwallaun filius [13]Grifini [18]occidit [19]quatuor [20]avunculos suos,' [21]scilicet Owinum,' [22]Grono, [9]Ririt, [4][et] Meilir, [1]et [23]Morganus filius Cadugaun occidit fratrem suum [4][Mareduc.]

1125. Annus [1]MCXXV.

1126. Annus [1]MCXXVI.

---

[1] *Not in* C.
[2] Murcherdac, C.
[3]' Yberniæ rex, C.
[4] C.
[5]' cum exercitu magno ad Powis venit, et receptis x. millibus animalium a nobilibus terræ domum rediit, C.
[6]' *Not in* C.
[7] Eynaun, C.
[8] moritur, C.
[9] Ririd, C.
[10] de, C.
[11] Caduuallaun, C.

[12] Oweyn, C.
[13] Grifut, C,
[14]' in Meyronith, et ejus homines cum armentis ad propria traxerunt, C.
[15] Mareduc, C.
[16] C. occisus est, B.
[17] Cadwallaun, C.
[18] interfecit, C.
[19] tres, C.
[20]' suos avunculos, C.
[21]' filios Ouuein scilicet, C.
[22] Gronoe, C.
[23] Morgan, C,

A.D.

1127. Annus ¹ MCXXVII. ² Grifinus ³ Resi filius' ⁴ [a rege
      Henrico de terra sua expulsus] ⁵ Hiberniam
      petit.' ⁶ [Daniel filius Sulgeni episcopi mo-
      ritur.]

1128. Annus ¹ MCXXVIII. ² Grifinus filius ⁷ Meredut
      ⁸ obiit. Lewelin filius ⁹ Owini ¹⁰ captus est a
      Maredut, traditusque Johannis filio, scilicet
      Pain.' ¹¹ Morganus filius Cadugaun ¹² propter
      fratricidium Ierosolimam ¹³ petiit, ¹⁴ et inde
      rediens,' in insula ¹⁵ Cipro ⁸ obiit.

1129. Annus ¹ MCXXIX. ⁷ Maredut filius ¹⁶ Lywarch
      consobrinum suum filium Meuruc occidit ;
      ¹⁷ alios duos consobrinos suos, filios ² Grifini,
      oculis privavit, ¹⁸ duos quoque' fratres suos
      ¹⁹ Baldewino cæcandos tradidit.' ¹ Ipse vero'
      a ²⁰ Iowan filio ²¹ Owini ¹ de patria expulsus,'
      ²² occisus est.' ¹ Madauc filius Lywarc a Meu-
      ric consobrino suo occisus est.'

1130. Annus ¹ MCXXX. ²³ Iorwerth filius ²⁴ Lywarch a
      ²⁵ Lewelino filio ⁹ Owini ¹ in Powis' ²² occisus
      est.' ²⁶ Lewelin filius ²⁷ Owini a ⁷ Meredut
      filio ²⁸ Bledint oculis ⁶ [et] testiculis privatus

---

¹ *Not in* C.
² Grifut, C.
³' filius Res, C.
⁴ C. Cogente, B.
⁵' est, C.
⁶ C.
⁷ Mareduc, C.
⁸ moritur, C.
⁹ Owein.
¹⁰' ab avunculo suo Mareduc capitur, C.
¹¹ Morgan.
¹² qui ob, C.
¹³ perrexit, C.
¹⁴' in reditu, C.

¹⁵ Cypres, C.
¹⁶ Lyuuarch qui, C.
¹⁷ et, C.
¹⁸' duosque, C.
¹⁹' excecare Bledwino jussit, C
²⁰ Ieuuab, C.
²¹ Owein, C.
²²' occiditur, C.
²³ Ioruerth, C.
²⁴ Lyuuarch, C.
²⁵ Lewelin, C.
²⁶ Leuuelin.
²⁷ Ouueyn, C.
²⁸ Bledin, C.

A.D.

est. [1] Iowan a consobrinis suis filiis [2] Lywarch [3] occisus est.' Madauc filius [4] Lywarc a [5] Meuruc [6] [filio Meuric] consobrino suo, [3] occisus est.' [7] Fundata est abbatia de Neth; eodem anno fundata est abbatia de Furneis.'

1131. Annus MCXXXI. Meuric filius Meuric oculis [7] et testibus' privatus est. Dedicatio [8] Menevensis ecclesiæ.' [7] Fundata est Tinterna.'

1132. Annus [9] MCXXXII. [10] Iorwerth filius [11] Owini [3] occisus est.' [12] Catwalaun filius [13] Grifini a consobrino suo Cadugaun filio [14] Goronou, [7] et Eynaun filius Owini in Nanneudni' [3] occisus est.' [15] Maredut filius [16] Bledint [7] dux Powisorum' obiit.

1133. Annus [9] MCXXXIII.

1134. Annus [9] MCXXXIV. Robertus dux Normanniæ jussu Henrici fratris sui pelve excæcatus est, et postea obiit apud Gloucestriam in carcere.'

1135. [6] [Annus] Annus [9] MCXXXV. [17] Obiit Henricus primus' [6] [MCXXXV⁰. anno ab incarnatione Domini XV⁰. anno cicli decennovennalis,] [7] quo audito, Stephanus comes Boloniæ, audita morte avunculi sui, transfretavit in Angliam, et quamvis promisisset sacramentum fidelitatis Anglici regni filiæ regis Henrici; fretus tamen vigore et impudentia, regni diadema audacia sua invasit, qui regnavit per XIX. annos exceptis IX. ebdomadibus.' [6] [Et maxima discordia fuit

---

[1] Ieuuab, *C.*
[2] Leuuarth, *C.*
[3'] occiditur, *C.*
[4] Leuuarch.
[5] Meuric. *C.*
[6] *C.*
[7'] *Not in C.*
[8'] ecclesiæ Sancti David, *C.*
[9] *Not in C.*

[10] Ioruerth, *C.*
[11] Ouuein, *C.*
[12] Cadwallaun, *C.*
[13] Griffut, *C.*
[14] Gronoe, *C.*
[15] Mareduc, *C.*
[16] Bledin, *C.*
[17'] Henricus rex Angliæ moritur·

A.D.

inter Britones et Francos, sed Britones víctores fuerunt.]

1136. Annus [1] MCXXXVI. [2] Richardus filius Gilberti a Morgano filio Owyni occisus est. Owinus et Catwaladrus filii Grifini exercitum in Karedigeaun movent, et castello Walteri de Bek; et castello Aberystuit, et castello Ricardi de la Mar, et Dineirth destructis, Kairwedros quoque combusserunt, et sic ad própria reversi sunt. Owinus et Catwaladrus iterum ad Keredigean venerunt, quibus in adjutorium Grifinus filius Resi, et Resus filius Hoeli, et Madocus filius Idnerth, et filii Hoeli ad Abertewy potenter venerunt ; quibus ex alia parte resisterunt Stephanus constabularius et filii Geraldi et omnes Franci ab hoste Sabrinæ usque ad Meneviam, et Flandrenses de Ros : et prœlio coram castellum inito, Franci et Flandrenses in fugam versi capti sunt, occisi sunt, combusti et equorum pedibus conculcati et in fluvio Tewy submersi sunt, plurimi in captivitatem miserrime ducti Walenses vero his ad votum peractis, in sua redierunt, castello Francis remanente.' [3] [Eynaun filius Owein ibi occiditur.]

1137. Annus [1] MCXXXVII. [4] Grifinus Resi filius Ros conquesivit. Letardus Litelking Dei inimicus et Sancti David ab Anauraut filio Grifino, Grifino nesciente et nolente, occisus est ; pro quo

---

[1] *Not in C.*

[2'] Grifut filius Res congregato exercitu magno cum omnibus ducibus totius Cambriæ pugnavit apud Aberteyn contra Francos et Flandrenses, et victor fuit. Franci autem partim occisi partim in amne submersi fugam fecerunt, *C.*

[3] *C.*

[4'] Grifut filius Res et Grifut filius Kenan moriuntur. Oweyn et Cadwalader filii Grifut combusserunt castell Estrat Meuric. Et postea illi et Maraud et Cadell et Grifut filii destruxerunt castellum de Cairmardyn, *C.*

A.D.

facto Anaraut omnium Menevensium cleri et populi habuit. Grifinus Resi filius obiit. Tertio Owinus et Catwaladrus ad Keredigeaun cum exercitu venerunt, et castello Stratmeur et castello Stephani et castello Humfredi et Caermardyn destructis, in sua redierunt. Grifinus filius Conani obiit.'

1138. Annus [1]MCXXXVIII. Kenwric filius Owini occisus est a familia Madoc filii Maredut.' [2][Anaraud et Cadell et Owein et Cadwalader cum XV. navibus gentilibus plenis venerunt ad Aberteyui et treugas fecerunt usque ad festivitatem Sancti Martini. Gentiles vero spoliaverunt villam et ecclesiam de Landedoch, id est, de Sancto Dogmaelo et prædam maximam ad naves portaverunt.]

1139. Annus [1]MCXXXIX. [3]Venit imperatrix in Angliam, quam cum rex Stephanus obsedisset apud Arundel, dimisit eam ire apud Bristolliam ad fratrem suum, consulem Gloucestriæ.'

1140. Annus [1]MCXL. [2][Kenwric filius Owein occiditur ab Howel filio Maredut.] [4]Madocus filius [5]Idnerth [6]obiit. [7]Maredut filius [8]Hoeli a filiis [9]Bledint [2][filii Gwin] [10]occisus est.' [11]Ad Pentocostem ivit rex cum exercitu suo super Hugonem Bigod in Sufok, et cepit castellum de Bungaye.' [12]Sol obscuratur.'

1141. Annus [1]MCXLI. Die Purificationis Beatæ Mariæ Ranulphus comes Cestriæ, et Robertus comes

---

[1] *Not in C.*
[2] *C.*
[3]' Adventus imperatricis in Angliam ut regnum totius Angliæ filio suo subjugaret, *C.*
[4] Madauc, *C.*
[5] Ydnerth.
[6] moritur, *C.*

[7] Mareduc, *C.*
[8] Howel, *C.*
[9] Bledyn, *C.*
[10]' *Placed immediately after* Howel *in C.*
[11]' *Not in C.*
[12]' sol patitur eclipsim, *under the preceding year in C.*

Gloucestriæ cum familia imperatricis ceperunt regem, et ad Bristolliam ductum in carcerem miserunt. Sed postea amici regis ceperunt Robertum consulem Gloucestriæ; pro quo rex liberatus est.' Hoelus filius [1]Rederch occisus est [2][a Res filio Howel].

1142.   [3]Annus MCXLII.' [4]Hoelus filius [2][Maredut filii] [5]Bledint a suis [2][viris] [6]occisus est.' [2][Howel et Kadugaun filii Madauc filii Ydnerth occiduntur, machinante Elya de se.]

1143.   Annus [7]MCXLIII. [8]Anaraut filius [9]Grifini a familiaribus [10]Cadwaladri occisus est. Milo [11]comes Herefordiæ' [12]a quodam milite suo cervum petente ictu sagittæ est occisus.' [3]Galfridus comes Andegaviæ capta Normannia dux nominatus est. Innocentius papa obiit pridie Nonas—

1144.   Annus [7]MCXLIV. [13]Catwalladrus classem de Hibernia in adjutorium sibi contra Owinum fratrem suum accivit. Classis in hostio Menei applicuit. Interea Owinus et Catwaladrus concordati sunt. Hæc Germanici audientes, Catwaladrum tenuerunt, qui ut ab eis liberaretur, duo millia captivorum eis pepigit et liberatus est. Owinus, ut vidit fratrem suum liberum, in eos impetum fecit, et partim eorum occisis pluribus vero captis, reliqui cum opprobrio ad Dulin reversi sunt.' [3]Puer quidam apud

---

[1] Maredut, C.
[2] C.
[3]' Not in C.
[4] Howel, C.
[5] Bledin, C.
[6] occiditur, C.
[7] Not in C.
[8] Anaraud, C.
[9] Grifut.
[10] Cadwaladr, C.

[11]' Herefordiæ comes, C.
[12]' ictu sagittæ cujusdam militis dum cervum peteret occisus est, C.
[13]' Cadwaladr accepit sibi classem de Ybernia, ducibus Othir filio Othir et filio Torkil cum aliis, sed Owein et Cadwaladr concordati sunt. Hybernienses vero tenuerunt Cadwaladr, qui pepigit eis duo millia captivorum, et sic se liberavit, et fugavit Ybernienses, C.

A.D.

Noruic a Judæis crucifixus est. Fames maxima.' [1] [Peregrini de Dyvet et Keredigaun submersi sunt. Ducti sunt monachi ordinis Cysterciensis, qui modo sunt apud Albam Candam in West Walliam per Bernardum episcopum, qui dedit eis locum apud Trefgarn in Deuglethef.]

1145. Annus [2] MCXLV. Hugo de Mortuo Mari Resum filium Hoeli cepit et incarceravit. Gilbertus comes filius Willielmi Demetiam sibi subjugavit. Castellum Kermerd et Castellum Mabudrut ædificavit. Stephanus rex cepit in curia sua Ranulphum Comitem Cestriæ.' [1] [Howel filius Owein et Kenan ejus frater destruxerunt Aberteyui.]

1146. Annus [3] MCXLVI. [4] Hugo de Mortuo Mari Maredut filium, Madauc filium Ithuert occidit.' [1] [Meuric filius Madauc a suis dolo interfectus est.]

1147. Annus [3] MCXLVII. [5] Catel filius Grifini cum fratribus Reso et Maredut castellum Dinweilleir vi adquisierunt, Francis majori parte occisis qui in eo erant. Non multo post, Hoelo filio Owini eis auxiliante, castellum Kermerd adquisierunt, nec non Llanstephan ceperunt; illis qui intus erant occisis, paucis relictis; et Maredut custodiendum datur.' [2] Castellum Guidgruc nocturno dolo combusserunt. Run filius Owini, juvenis inclitus, obiit.'

---

[1] C.

[2] Not in C.

[3] Not in C.

[4] Maredut filius Madauc filii Ydnerth ab Hugone occisus est. C.

[5] Cadell filius Owein et Maredut et Res filius Grifut et Howel filius Owein Cayrmardin invaserunt et ceperunt, necnon et castellum de Landestephan. C.

A.D.

1148.   Annus [1]MCXLVIII. [2]Hugo de Mortuo Mari
          Resum filium Hoeli in carcere cæcavit.' [3]Catel
          cum fratribus suis, Willielmus filius Geraldi
          et fratres sui, Hoelo filio Owini eis auxiliante,
          castellum Wiz destruxerunt.' [4][Kenan et
          Howel filii Owein vi abstulerunt Meironit a
          Cadwaladr.]

1149.   Annus [1]MCXLIX. Robertus comes [5]Henrici
          regis filius' [4][in carcere] [6]obiit. [7]Gilbertus
          comes, qui Strangboga dictus est, obiit.'

1150.   Annus [1]MCL. [8]Uthtrit [9]episcopus Landaven-
          sis' [10]obiit. Bernardus episcopus [11]Meneviæ,
          [4][XXXIII°. episcopatus sui anno] [6]obiit, cui
          David [12]filius Giraldi' [4][in episcopatum] suc-
          cessit. [4][Robertus Herefordiæ episcopus mo-
          ritur, cui Gilbertus Foliot successit.]

1151.   Annus [1]MCLI. Catwaladrus castellum Llan
          Ristut ædificavit, et Catwano filio suo cum
          parte sua de Keredigean dedit.' [4][Owein
          filius Grifut castellum in terra Yal construxit.
          Madauc filius Maredut Croes Oswald reædi-
          ficavit.] [13]Maddauc filius Maredut dedit
          Keweilauc nepotibus suis, Owino et Meuric
          filiis Grifini.'

1152.   Annus [1]MCLII. Henricus dux Normanniæ venit
          in Angliam, et obsedit Malmesburiæ.'

---

[1] *Not in C.*

[2'] Hugo de Mortuomari oculos Resi filii Howel eruit in carcere, *under the preceding year in C.*

[3'] *Not in C.*

[4] *C.*

[5'] frater Henrici regis. *C.*

[6] mortuus est.

[7'] Gilbertus comes stragore mor-tuus est, *under the preceding year in C.*

[8] Uchdrit, *C.*

[9'] Landauensis episcopus, *C.*

[10] moritur, *C.*

[11] Menevensis, *C.*

[12'] Geraldi filius, *C.*

[13'] Qui Keveilauc nepotibus suis, scilicet Oweino et Meuric, filiis Gri-fut dedit, *C.*

A.D.

1153. Annus [1] MCLIII. Catell filius Grifini vastavit
Kedweli.' [2] Hoelus filius [3] Owini [4] cepit [5] Cat-
wanum [6] patruelem suum, [7] terramque cum
castello sibi subjugavit.' [8] Catel et fratres sui
cum exercitu Ceredigeaun intraverunt, et infra
Airon sibi vendicaverunt.' [1] Imperatrix cum
filio suo Henrico, qui fuit dux Normanniæ et
comes Andegaviæ, applicuit apud Warham.'

1154. Annus [1] MCLIV. [9] Catell cum fratribus suis
circa Purificationem Beatæ Mariæ, oppugnato
castello Hoeli, sed non habito, totam prædam
terræ cum hominibus secum duxerunt; castellum Llan Restut longa obsidione ceperunt,
et custodibus suis servandum commendave-
runt; sed Howelus filius Owini, ira exæ-
stuans, illud oppidum combussit, custodibus
occisis. Catell cum fratribus suis Strat Meuric reædificavit.' [10] Catil filius Grifini in
venatione, juxta Tinebeth violenter a Francis
laceratus, loco mortui dimissus est.' [11] Maredut
et Resus castellum Lychur destruxerunt. Resus vastavit Keiwelauc.' David filius Malcolum [12] obiit. [1] Radulphus comes Urbis Legionum obiit.' [13] [Eugenius papa obiit; cui
successit Anastasius.]

1155. Annus [1] MCLV. [13] [Stephanus Anglorum rex
obiit anno XIXº cicli IVᵒʳ. concurrentes, cui

---

[1] *Not in C.*
[2] Howel, *C.*
[3] Owein, *C.*
[4] tenuit, *C.*
[5] Caduan, *C.*
[6] consobrinum, *C.*
[7]' et ejus terram accessit, *C.*
[8]' Cadell et Res et Maredut filii
Grifut Keredigaun infra Ayron vi
possiderunt, *C.*

[9]' Cadell et Res et Maredut filii
Howel filii Owein Keredigaun vi
abstulerunt, et Estrat Meuric ædifi-
caverunt, *C.*
[10]' Cadell dum venatum iret a
quibusdam militibus et sagittariis de
Dynbech laceratus est, *C.*
[11]' *Not in C.*
[12] moritur, *C.*
[13] *C.*

A.D.

cui successit Henricus nepos Henrici regis
magni, et regnum recepit. Anastasius papa
obiit, cui successit Adrianus.]

1156.   Annus ¹MCLVI. Maredut filius ² Grifini ³[filii
Res veneno] ⁴ obiit. ⁵ Resus vero ¹junior ³[ejus
frater], ⁶ et fere solus, portionem illius et
fratris sui solus obtinuit, et semper augendo
viriliter protexit.'

1157.   Annus ¹MCLVII. ⁷Catell ³[filius Grifud] Romam ⁸peregrinationis causa perrexit.' ⁵Resus
filius ²Grifini ⁹audiens Owinum de Norwallia ad Ceredigeaun venturum, contra eum
usque ad Aberdewi audacter progressus est,
ibique pugnaturus' fossam ³[Aberdevi] fecit;
¹⁰ ubi postmodum fundavit castellum.' ³[Hen-
ricus rex transfretavit de Anglia in Normanniam IVº. Idus Januarii.]

1158.   Annus ¹MCLVIII. Henricus rex ¹¹Angliæ ¹²Nor-
walliam ditioni suæ volens exercitum ad
campestria Cestriæ duxit, ibique tentoria fixit,'
³[adjuvante Madauc filio Maredut et venit
ad Dynas Basic]. ¹Owinus princeps Norwalliæ
cum filiis suis Hoelo, Canano, et David, cum
ingenti exercitu apud Dinas Bassing castra
metati sunt, ibique vallum erexerunt. Hoc
audito, rex astuta. fictus industria, ad vallum
Owini via littorea tetendit; sed antequam
pervenisset, a Conano et David hoc idem
præcaventibus, acerrimo certamine susceptus
est; multisque suorum amissis, quo tendebat

---

¹ Not in C.
² Grifud, C.
³ C.
⁴ extinctus est, C.
⁵ Res, C.
⁶' terram ejus recepit.
⁷ Cadell, C.

⁸' peregre proficisitur, C.
⁹' Not in C.
¹⁰' et non multum post castellum
ibidem fundavit, C.
¹¹ Anglorum, C.
¹²' movit exercitum versus Nortwalliam, C.

A.D.

evasit. Owinus audiens regem sibi a tergo imminere, in facie autem exercitum regis nimium vallum deseruit, et in loco tutiori se recepit. Rex deinde collecto in unum exercitu ad Ruthlan progreditur, ibique castra metatus est.' [1] Interea classis regia Moniæ applicuit, quam insulam optimates bello susceperunt, magnamque stragem ex Francis obstantibus fecerunt, in quos Henricus filius Geraldi occisus est, velut alii volunt, filius fuit Henrici regis et Willielmus Trenchemer, et alii quamplures.' [2] Quo facto rex et Owinus pacificati sunt. Catwaldrus terram suam recuperavit.' [3] [Owein filius Grifud dedit obsides regi, et] rex in Angliam rediit.

1159. Annus [2] MCLIX. [4] Morgant filius [5] Owini Mab occisus est. [3] [In hoc anno] [6] Resus filius Grifini solus bellum regi prætendit cum omnes Walliæ principes cum rege pacem haberent.' [7] Omnes ergo suos ad silvestria Tewi removit, videns tamen se tam latæ regis potentiæ non posse resistere, factis induciis securus curiam regis adivit, et tanquam invitus, regi pacem pepigit; pacto illi a rege Cantrefmaur alioque quem rex vellet, integre, non disperse. Rex tamen procerum suorum usus consilio, illud Cantref secundum ei in diversis baronum terris divisum dedit. Resus tamen cepit et sustinuit.' [8] Interea Rogerus

[1]' Classis vero ejus applicans in Moniam destructa est et spoliata armis et equis, C.

[2]' Not in C.

[3] C.

[4] Morgan, C.

[5] Owein, C.

[6]' Solus Resus filius Grifut tenuit gwerram contra regem Angliæ, cum omnes duces Cornubiæ pacem haberent, C.

[7]' Not in C.

[8]' Rogerus comes de Clar castella sua per Keredigaun firmavit, quæ omnia Res invasit et destruxit, C.

A.D.

comes de Clara Ceredigeaun, ut suam, ingreditur; castellum Stratmeuric, et castellum
Hunfredi, et castellum Aberdiwy firmavit.'
¹Interea Walterus Clifford dominus Cantref
Bethan, prædam de terra Resi abduxit, homi-
nesque interfecit, quo audito, Resus id factum
regi, ut domino, indicavit. Rex illud emen-
dare noluit. Familia ergo Resi in ultione
prædæ suæ castellum Lanamdewi obsedit,
quod Resus adveniens primo impetu cepit.
Eynan filius Anaraud castellum Humfredi
destruxit, milites et alios, qui in eo erant,
forti manu occidit. Deinde Resus magis armis
quam in dono regis fidens, castella per Cere-
digean a Francis facta combussit.'

1160.   Annus ²MCLX. ³Resus combussit castella per
Demetiam a Francis facta; ad Kermerdin
exercitum duxit et obsedit; sed adveniente
Reginaldo comiti Cornubiæ, obsidionem dimisit.' ¹Goroun bun frater Resi occisus est.
Resus deinde homines suos cum omnibus suis
ad Resterwein removit. Reginaldus vero comes
et comes Bristolliæ, et Rogerus comes Claren-
sis, et alii duo comites, Catwaladrus quoque
filius Grifini, et Hoelus et Conanus filii Owini
apud Denweileir castra metati sunt; sed non
audentes Resum adire vacui domum redierunt.'
⁴[Adrianus papa obiit. Et factum est scisma
in ecclesia Romana, Alexandro et Victorio
candidatis.]

1161.   Annus ²MCLXI. ⁵Madoc ⁴[filius Maredut]
⁶Powysorum princeps' obiit. ⁷Lewelinus

---

¹ʹ *Not in C.*
² *Not in C.*
³ʹ Resus fugatus est apud Cayrmardyn, *C.*

⁴ *C.*
⁵ Madauc, *C.*
⁶ʹ princeps Powisiæ, *C.*
⁷ Lewelin, *C.*

A D.

[1]filius ejus' occisus est. [2]Catwalaun filius Madauc Eynaun Clut fratrem suum tenuit, et Owino Grifini filio carcerandum tradidit; quem Owinus Francis dedit; sed per collectaneos et familiares suos de Wigonia liberatus, nocte evasit.'

1162. [2]Annus MCLXII.'

1163. Annus [3]MCLXIII. [4]Resus vi adquisivit Dinweilir et Llanaindewri.' [5][Theobaldus archiepiscopus obiit.]

1164. Annus [3]MCLXIV. Henricus rex Angliæ cum [6]totius [7]Angliæ exercitu' et [8]Walliæ, [9]ad bellandum Resum usque ad Penchaideirn pervenit; sed Resus cum rege, facta pace, in Angliam ivit.' [10]Einaun filius [11]Anaraut, [2]inclitus dux,' a Waltero filio [12]Liwarch [2]dolose in somno' occisus est. Cadugaun filius Maredut [13]a Waltero Clifford occisus est.' [14]Magister Henricus filius Archen obiit. Kedivor archidiaconus de Ceredigeaun obiit.' [5][Consecratus est Sanctus Thomas archiepiscopus IVº. Nonas Junii.]

1165. Annus [2]MCLXV. Resus videns regem non solvere sibi promissa, videns etiam Rogerum comitem de Clara, Walterum proditorem et occisorem Einaun nepotis sui, benigne suscepisse, Rogerum comitem infestavit, castellum Aber Redival et castellum Mebwenniaun valida

---

[1] ejus filius, *C.*

[2] *Not in C.*

[3] *Not in C.*

[4] Res filius Grifut castella de Walwerin et de Lanamdeuri vi cepit, *C.*

[5] *C.*

[6] toto, *C.*

[7] exercitu Angliæ, *C.*

[8] Cambriæ, *C.*

[9] venit contra Resum usque Pen-cadeyr, et pacifice in Angliam reversus est, *C.*

[10] Eynaun, *C.*

[11] Anaraud, *C.*

[12] Lyuarch, *C.*

[13] interfectus est a Waltero filio Ricardi, *C.*

[14] Henricus filius Haern magister bonus, et Rediuor archydyaconus de Keredigaun, mortui sunt, *C.*

A.D.

manu combussit, totamque regionem Ceredigeaun obsecundavit ; postea vero ' [1]omnes
Wallenses Norwalliæ, Suthwalliæ, Powysorum,
jugum Francorum unanimiter respuerunt.'
[2]Exulat Beatus Thomas.'

1166.   Annus [3]MCLXVI. Henricus rex Angliæ [4]cum
exercitu Angliæ, Normanniæ, Flandriæ, Andegaviæ, Pictaviæ et Aquitaniæ, et Scotiæ, ad
Crucem Oswalt usque pervenit, omnium Walensium meditans excidium ; cui Owinus et Catwaladrus cum Nortwalensibus, Resus vero
cum Dextralibus, Owinus de Keweilauc et
Iorwerth Choch cum Powissensibus viriliter
resisterunt. Rex ultra progressus in monte
Berwen castrametatus est. Qui videns se
nihil ad votum suum posse efficere, obsides
Walensium, quos potuit, oculis et testibus privavit, amissaque exercitus sui parte non modica, in Angliam cum opprobrio reversus est.'
[5][Fluvius Tegui duobus diebus sanguineus
apparuit.] [6]Resus filius Grifini circa Kalendas
Novembris castellum Abertewy dolo Rigewarc
clerici cepit ;' [5][ejus vero habitatores cum
dimidio bonorum suorum abire permisit].
[7]Robertum filium Stephani constabularium
in vinculis tenuit.' [2]Apud Kermerdin lupus
rabiosus duo de viginti homines momordit,

---

[1] Omnes duces Cambriæ in unum contra Henricum regem Angliæ conjuraverunt, *C.*
[2] *Not in C.*
[3] *Not in C.*
[4] movit exercitum contra duces Cambriæ, et venit usque ad montem Bervin, Britanni vero surrexerunt contra eum, scilicet Owein et Res et alii duces Cambriæ. Sed rex nihil impetrans domum reversus est, et obsides eorum numero xxii oculis et testiculis privavit, *C.*
[5] *C.*
[6] Castellum Aberteyui per dolum a Reso filio Grifut captum est, et usque ad solum destructum, *C.*
[7] Et Robertus filius Stephani custos castri incarceratus est, *C.*

A.D.

qui omnes fere protinus perierunt.' [1] [Sanctus Thomas transfretavit in Flandriam iram regis devitans.]

1167. Annus [2] MCLXVII. [3] Franci Penbrochiæ et Flandrenses Yschoit Ceredigeaun et Gathmenart prædati sunt. Robertus filius Mor occisus est.' [4] Diermit [1] [rex] filius [5] Murcath [6] Hiberniam a suis expulsus, regem Angliæ adivit.' Obiit Matilda imperatrix mater regis Angliæ.

1168. Annus [2] MCLXXVIII. [1] [Robertus de Mulun Herefordiæ episcopus Anglorum sapientissimus obiit.] [7] Owinus filius [8] Grifini [1] [filii Kenan] et [9] Resus filius [8] Grifini [1] [filii Res] [10] reædificaverunt [11] castellum [12] Kereinaun, fugientibus [13] Iorwerth [14] Choch et [7] Owynus [15] de Keweilac' cum suis [1] [hominibus] usque in Angliam. In [16] eorum vero redditu' castellum de [17] Walwern [18] ceperunt. [19] Mahalt imperatrix filia Henrici [2] regis [20] Primi obiit. [7] Owinus [21] filius Grifini' et [9] Resus [21] filius Grifini' castellum [22] Ruthlan, [21] quod in manu regis erat,' [23] vi ceperunt.' [21] Episcopi et fere omnes magnates Angliæ scripserunt domino papæ contra

---

[1] C.

[2] Not in C.

[3]' Flandrenses de Ros vastaverunt Yscord in Keredigiaun, et homines vi occiderunt, et prædam inde abstulerunt, C.

[4] Dyermict, C.

[5] Marchat, C.

[6]' adiit regem Angliæ quærens auxilium contra inimicos suos, C.

[7] Owein, C.

[8] Grifut, C.

[9] Res, C.

[10] edificaverunt, C.

[11] castrum, C.

[12] de Cayrheinaun, C.

[13] Yoruerth, C.

[14] Coch, C.

[15]' Keueilauc, C.

[16]' reditu vero, C.

[17] Wawerin, C.

[18] habuerunt, C.

[19] Mahaud, C.

[20] Secundi C. but the word has been dotted out apparently by the original writer.

[21]'' Not in C.

[22] de Rudlan, C.

[23]' destruxerunt, C.

[1] Thomam archiepiscopum. Galfridus Foliot archiepiscopus Eboracensis ab archiepiscopo [1] Thoma excommunicatus est."

1169. Annus [2] MCLXIX. [3] Resus filius [4] Grifini [5][cum toto exercitu Sudwalliæ] castellum Abereynaun [6] ædificavit; [7] postea vero exercitum duxit in Brechinauc, et in fugam versus est. Unde dolore commotus iterum in Brecheinauc exercitum movit, magnamque terræ partem combussit. Castellum Buellt destruxit, et cum justitia regis pacificatus,' lætus et victor domum rediit. [5] [Filia regis Angliæ data est duci Saxoniæ.]

1170. Annus [2] MCLXX. [8] Robert filius Stephani [9] a carcere Resi' precatu [10] Diermit filii [11] Murchath [12] Hiberniam intravit, et castellum [13] Carrec [14] juxta Wisefordiam' [6] ædificavit. Meuruc filius [15] Adam [14] filius Seisil de Buellt' a [16] sanguineo suo' occisus est. Eynaun Clut vulneratus est a filiis [17] Lewarchi filii [18] Denawal, [19] scilicet [20] Meiler et [21] Ivor.

1171. Annus [2] MCLXXI. Ricardus comes de [22] Striguil [23] Hiberniam intravit, [14] et filiam Diermit

---

[1] T. *in MS.*
[2] *Not in C.*
[3] Res, *C.*
[4] Grifut, *C.*
[5] *C.*
[6] edificavit, *C.*
[7]' et postea apud Brecheynauc fugatus est, et iterum cum magno exercitu venit ad Brecheynauc, et magnam partem illius terræ combussit, et castrum Buellt destruxit et pacificatus cum justiciario regis Angliæ, *C.*
[8] Robertus, *C.*
[9]' liberatus est a carcere, *C.*

[10] Dyermyct, *C.*
[11] Merchad, *C.*
[12] et Yberniam, *C.*
[13] Carreg, *C.*
[14]' *Not in C.*
[15] Adaf, *C.*
[16]' suo consanguineo, *C.*
[17] Lyvarch, *C.*
[18] Dywal, *C.*
[19] id est, *C.*
[20] Meilir, *C.*
[21] Yuor, *C.*
[22] Strugul, *C.*
[23] Yberniam, *C.*

A.D.

regis uxorem accepit.' [1] Porthlagi et [2] Dulin [3] soceri sui auxilio, civibus occisis, suo mancipavit dominio.' [4] Henricus Tertius filius Henrici Secundi regni [5] diademate coronatus est, patre suo vivente ac jubente.' [6] Owinus rex Norwalliæ et Catwaladrus frater suus minor, scilicet Hoelus filius Owini a familiaribus fratris sui David, eodem assistente, occisus est. Ierosolimis terræ motus fractus est magnus.' [7] [Thomas Cantuariensis archiepiscopus martyrio vitam finivit.]

1172.　Annus [8] MCLXXII. [9] Diermit rex [10] Hiberniæ obiit. Resus filius [11] Grifini [12] castellum Abertewi, quod prius destruxerat, reædificavit.' Henricus rex Angliæ [13] major ad visitandum Sanctum David de Anglia venit ;' [14] deinde [15] Hiberniam intravit, [16] eamque suo dominio [17] mancipavit. Burgenses [18] Wisefordiæ Robertum filium Stephani, [19] scilicet eorum dominum, interfectus omnibus fere suis, et castello ejus destructo, vinculis mancipari fecerunt, quem rex audiens liberavit.'

---

[1] Porthlarky, *C.*

[2] Dulyn, *C.*

[3]' funditus destruxit, *C.*

[4]' Annus. Henricus III[us] filius Henrici Secundi dyademate regni Angliæ coronatus est, patre suo vivente ac jubente, *C.*

[5] diadematem, *in MS.*

[6]' Annus—Oweyn rex Nortwalliæ obiit. Ierosolimis terræmotus magnus factus est, *C.*

[7] *C.*

[8] *Not in C.*

[9] Dyermyct, *C.*

[10] Yberniæ, *C,*

[11] Grifut, *C.*

[12]' reedificavit castellum Aberteyui quod prius destruxerat, *C.*

[13]' Normanorum Sextus venit ad visitandum Sanctum David, *C.*

[14] et postea, *C.*

[15] Yberniam, *C.*

[16] et eam, *C.*

[17] subjugavit, *C.*

[18] de Weysefordia, *C.*

[19]' dominum suum interfectis omnibus suis fere familiaribus et destructo ejus castello mancipari vinculis fecerunt ; sed postea liberatus est per Henricum regem Angliæ, *C.*

A.D.

1173. Annus [1] MCLXXIII. Henricus rex Angliæ, [2] orandi causa de Hibernia rediens, ad Sanctum David venit' xv. [3] Kalendarum Maii. [4] [Ricardus Cantuariensis episcopus electus est.] [5] Rex pater et rex filius discordes facti sunt. Comes Leicestriæ captus est.'

1174. Annus [1] MCLXXIV. Seditio magna orta est inter Henricum regem Angliæ et Henricum filium, [6] quem similiter regem Angliæ fecerat.' [5] Conanus filius Owini obiit.' [4] [Ricardus Cantuariensis archiepiscopus Romæ a papa Alexandro consecratus est.]

1175. Annus [1] MCLXXV. Henricus rex et Henricus filius [7] suus reconciliati sunt.' [5] Comes Leicestriæ apud Sanctum Eadmundum, Flandrensibus qui cum eo de Flandria venerant magna cæde peremptis, ipse cum uxore et filiis captus est et incarceratus. Rex Scotiæ David a familiaribus Henrici regis captus est.' [8] Seisil filius [9] Dinawal et [10] Gefrei filius [11] ejus [4] [et alii plures de Went] a [12] Willielmo de [13] Breusa [5] in Abergavenni' dolose occisi sunt. [5] Obiit comes Ricardus filius Gilberti.'

1176. Annus [5] MCLXXVI. Pons lapideus Londoniæ inceptus est.' Reginaldus [4] [filius Henrici regis] comes Cornubiæ obiit, et sepultus est [14] juxta patrem suum, scilicet Henricum Primum apud Reding.'

---

[1] *Not in C.*
[2'] de Ybernia rediens orandi causa venit ad Sanctum David, *C.*
[3] Kalendas *C.*
[4] *C.*
[5'] *Not in C.*
[6'] suum similiter regem Angliæ, *C.*
[7'] ejus adinvicem pacificati sunt, *C.*

[8] Seysill, *C.*
[9] Tudwalt, *C.*
[10] Geffre, *C.*
[11] suus, *C.*
[12] Willelmo, *C.*
[13] Breose, *C.*
[14'] apud Radyngs juxta suum, *C.*

A.D.

1177. Annus [1]MCLXXVII. Ricardus comes de [2]Striguil [3]in Hibernia' [4]mortuus est,' [3]et apud Dulin sepultus.' David [5]episcopus Menevensis' obiit, [3]et in ecclesia Menevensi sepultus ;' cui successit [3]prior de Wenloc,' Petrus [1]nomine. Mauricius filius Geraldi obiit.

1178. [3]Annus MCLXXVIII. Morgan Patta obiit.'

1179. Annus [1] MCLXXIX. Primus XIX [1] cicli. [6][Solutum est scisma Romanæ ecclesiæ, facta concordia inter Alexandrum et Victorium.]

1180. Annus [1] MCLXXX. [6][Eclypsis contigit solis Idus Septembris contra meridiem.]

1181. Annus [3] MCLXXXI. Rex mutavit monetam ad festum Sancti Martini.' [6][Lodovicus rex Franciæ venit apud Sanctum Thomam. Lodouicus rex obiit, cui successit Philippus filius suus.] [3]Philippus rex Francorum a Francia Judeos expulit.'

1182. Annus [1]MCLXXXII. Ecclesia Menevensis diruitur et [7]de novo' inchoatur. [3]Henricus rex XLII. millia marcarum misit Hierosolimis.'

1183. Annus [1]MCLXXXIII. [6][Alexander papa obiit; successit Lucius.]

1184. Annus [1] MCLXXXIV. [6][Mota est discordia inter Henricum regem et filium suum.]

1185. Annus [1]MCLXXXV. [6][Henricus rex filius Henrici Secundi obiit. Ricardus Cantuariensis archiepiscopus obiit. [8]Bartholomeus Exoniensis episcopus obiit.]

1186. Annus [1] MCLXXXVI. Pagani et Saraceni cum

---

[1] Not in C.
[2] Strugul, C.
[3] Not in C.
[4] oblit, C.

[5] Menevensis episcopus, C.
[6] C.
[7] novum opus, C.
[8] preceded by Annus. Annus in C.

A.D.

Saladino eorum [1] nefario rege Christianos apud mare [2] Tiberiadem devicerunt, et XL. millia ex eis occiderunt, [3] veramque Domini Crucem' cum rege [4] Ierusalem et ducibus et baronibus ceperunt, et civitatem Ierusalem [5] omnesque terræ munitiones ceperunt, excepta Bethsura. [6] Imperator Romanus, Fredericus nomine, et rex Francorum Philippus, Ricardus Anglorum rex' Crucis signaculo se [7] signare fecerunt. [8] [Similiter archiepiscopi plures et comites et duces, barones et milites, necnon et capellani et clerici.] Baldewinus Cantuariensis archiepiscopus [9] Swtwalliam ingressus est, ut Crucem Christi prædicaret, [10] visaque sede Sancti David Nortwalliam intravit, ubi de Cruce prædicans, complures signo Crucis munivit, et sic in Angliam rediit.'

1188. Annus [4] MCLXXXVIII. [11] Cometes Britanniæ per totam insulam visus est,' [12] nec sine re signavit enim Henrici regis mortem, qui cito post obiit ; cujus visio nunquam impune mortalibus habetur. Unde illud crinemque timendi sideris, et alibi, mutantem sceptra cometem.' [13] Ricardus rex Angliæ et Philippus rex Franciæ, circa festum Beati Johannis Baptistæ, cum multis armatorum

---

[1] nephario, *MS. Not in C.*
[2] Tyberiadis, *C.*
[3]' et Crucem Domini, *C.*
[4] *Not in C.*
[5] et omnes, *C.*
[6] *preceded by* Annus *in C.*
[6]' Philippus rex Francorum, Henricus rex Anglorum, *C.*
[7] signari, *C.*
[8] *C.*

[9] Sutwalliam, *C.*
[10]' *Not in C.*
[11]' Cometa visa est per totam Angliam, *C.*
[12]' Annus. Henricus filius imperatricis rex Angliæ obiit apud Neustriam in octabus Apostolorum Petri et Pauli. cui successit Ricardus filius ejus.
[13] *preceded by* Annus. Annus *in C.*

millibus iter versus Terram Sanctam arripuerunt.]

1189. [1] Annus MCLXXXIX. Resus filius Grifini in Sudwallia bellum movit; in Ros et in Pembroc combustiones fecit, Gouhir prædatus est, castellum Carnawillian destruxit, aliaque castella in Dewet cepit, quæ per malam custodiam otius amisit. Castellum de Kermerdin obsedit; sed adveniente Johanne comite filio Henrici regis, cum exercitu totius Angliæ, relicta est obsidio; facta est inter ipsum et Resum [2] pax, sed privata, rediitque Johannes in sua. Resus filius Grifini circa Natale Domini Clari obsedit, quod et habuit; deditque Hoeli Seis filio suo cum adjacente. Mailgonus Resi filius a patre suo captus est, et apud Dinewr incarceratus est. Deinde, patre nesciente, Griffinus frater suus eum a carcere patris duxit, Willielmoque de Breusa socero suo custodiendum tradidit.'

1190. [1] Annus MCXC. In Dewet occisi sunt a Francis. nobiles Wallenses, scilicet Resus filius Rederch, et Trahair filius Kediwor, et Grifinus filius Elidir.'

1191. Annus [3] MCXCI. [4] Rex Franciæ Philippus' civitatem [5] Accharon obsedit, nam Ricardus rex [3] Angliæ [6] ad Ciprum insulam divertit, eamque ditioni suæ, rege illius capto, subjecit,' [7] [et pecuniam infinitam invenit in ea;] [8] inde ad obsidionem [9] Accharon læto vultu' venit; [10] quo

---

[1]' Not in C.
[2] pace in MS.
[3] Not in C.
[4]' Philippus rex, C.
[5] Accaron, C.
[6]' iter ad Cyprum diverterat, et eam cepit, C.

[7] C.
[8] deinde, C.
[9]' præfatæ civitatis, C.
[10]' et in ea non multum post, Deo volente, ceperunt vii. M. paganorum, quos in ea trucidaverunt, C.

A.D.

adveniente Christiani audaciores et fortiores effecti civitatem obsessam divino nutu ceperunt, et in ea vii. millibus paganorum occisis.' Baldewinus [1] Cantuarensis archiepiscopus [2] feliciter in Christo' obiit, [3] et in civitate Accharon cum honore debito a Christianis sepultis in Domino quiescit.' Resus filius [4] Grifini castellum de [5] Newer die Assumptionis Sanctæ Mariæ [2] forti manu, Francis expulsis,' cepit.

1192. Annus [2] MCXCII. Walenses de Dewet, duce Grifino filio Resi, vi ceperunt castellum de Lanwaden. Resus filius Grifini Malgonum filium suum a carcere Willielmi de Breusa liberavit, Willielmo invito.' [6] Resus Grifini filius, post liberationem Mailgoni filii sui, ad obsidionem Abertawi potenter divertit, eumque per decem ebdomadas oppidum obsedisset, et oppidanos fere fame deditioni coegisset, quodam infortunio et quadam invidia inter filios suos Grifinum et Mailgonum latenter habita, unde Francorum vi obsidionem deseruit, quibusdam familiarium suorum in præcedente die submersis.'

1193. Annus [2] MCXCIII. Grifinus Troyt occisus est. Johannes filius Elidir obiit.' [7] Circa festum Sancti Ciricii familiares Hoeli Seis oppidum Wiz nocturno dolo et insidiis cujusdam traditoris deintus ceperunt, ac Flandrenses et Franci de Penbroc prædicti oppidi captio-

---

[1] *Not in C.*
[2'] *Not in C.*
[3'] cui successit—*C.*
[4] Grifut, *C.*
[5] Kemmer, *C.*
[6'] Resus filius Grifut castrum de Sweynese per v. ebdomadas obsedit, sed tamen submersis ibidem quibusdam de suis obsidionem deseruit. *C.*
[7'] Hoelus filius Resi castrum de villa Viech dolo cepit, et castrum de Lanamdeuery destruxit, et plures de suis ibidem occisi sunt, *C.*

nem dolentes, oppidum Llanwaden, quod in
Hoeli potestate erat, impugnaverunt; sed eo
non habito, cum opprobrio domum reversi
sunt. Tudur filius Pret in oppido occisus est,
qui fuit filius putativus Resi. Item Hoelus
et Mailgonus filii Resi oppidum Lanwaden
diruerunt : quod cum Flandrenses et Franci
de Penbroc audissent, cum ingenti armatorum
copia venerunt ; in quorum adventu Walenses
stupefacti in tres partes mox divisi sunt,
quorum una pars oppidum semirutum intravit, altera vero ecclesiam non orandi causa
sed potius refugium petendi adivit, tertia
vero magis pedibus quam ecclesiæ vel oppidi
confisa tutamini, nemoris petivit abdita, quam
Franci lupino more insecuti sunt. Walenses
eorum gladiis juxta Rutuant numero LX.
perimuntur.'

1194. Annus [1]MCXCIV. Resus filius Bledrici obiit.
Hoelus Seis nobiles Flandrenses apud Peuluniauc occidit. Mailgonus Resi filius David
filium Mauricii et Tanchardum cognomento
monachum, nobilissimos milites occidit.' [2]Resus
filius Grifini a filiis suis Hoelo et Mailgono
captus est.' [1]David filius Owini a Lewelino
filio Iorwert expulsus est.' [3][Ricardus rex solutus de carcere imperatoris, venit in Angliam].

1195. Annus [1]MCXCV. Rodri filius [4]Owini obiit. Rogerus de [5]Mortuo-mari [6]castellum [7]Cameron
firmavit. [3][Mailgum filius Res David filium
Mauricii et Tankardum monachum interfecit.
Flandrenses nobiles ab Hoelo Seys occisi sunt.]

---

[1]' Not in C.
[2]' Resus filiius Grifut a filiis suis
captus est, C.
[3] C.

[4] Oweyn, C.
[5] Mortun, C.
[6] castrum, C.
[7] Camaron, C.

[1] Flandrenses castellum de Wiz die Pentecostes ceperunt. Resus filius Grifini duos filios suos Maredut et Resum Parvum cepit.' [2] Willielmus de Breusa castellum Sancti Clari valida manu cepit, tenuit, et in eo captis Hoeli familiaribus LX.' [1] Hoc audiens Hoelus castellum Newer diruit, terram tamen Francis invitis sibi retinuit.'

1196.   Annus [3] MCXCVI. [4] Resus filius [5] Grifini [6] Kermerdin combussit, [7] inde exercitum ad Herefordiæ partes ducens, Redenor combussit, militesque Rogeri de Mortuo Mari ad modum quadraginta occidit cum innumerabili peditum multitudine.' [1] Eo in hunc modum agente, Willielmus de Breus exercitum ad Abertewi movit, partemque villæ combussit, et sic in sua rediit. Philippus Magnel in belli conflictu ibi cecidit. Exiit edictum a rege Ricardo ut omnium rerum venalium commercia per universum regnum ejus unius mensuræ ponderis et pretii fierent.'

1197.   Annus [3] MCXCVII. [8] [Ricardus rex obiit, cui successit Johannes frater ejus.] Resus [9] Grifini filius' [10] Sudwalliæ princeps [11] nobilissimus, mors Anglorum, clipeus Britonum, IV. Kalendarum Maii moritur; cujus corpus nobile apud Sanctum David cum honore debito humatum est:' [12] ad cujus honorem hos ver-

---

[v] *Not in* C.

[2'] Willelmus de Breusa castrum de Sancto Claro vi cepit et XL. de familia Hoeli filii Resi, C.

    [3] *Not in* C.

    [4] Res, C.

    [5] Grifut, C.

    [6] Karmardin.

[7'] et Maysheueyt similiter, C.

[8] C.

[9'] filius Grifut, C.

[10] Sutwalliæ, C.

[11'] moritur iv. Kalendas Maii, cujus corpus apud Sanctum David honorifice humatum est, C.

    [12'] *Not in* C.

siculos, pro modulo nostro, composuimus, inducta similitudine inter ipsum et tyrannos per contrarium.

Cum voluit pluvias Busiris cæde parabat,
    Noluit æthereas sanguine Resus aquas;
Et quotiens Phaleris cives torrebat in ære,
    Gentibus invisis Resus adesse solet.
Non fuit Antiphates, non falsus victor
    Ulixes,
Non homines rapidus pabula fecit equis,
Sed piger ad pœnam princeps, ad præmia
    velox.
Quicquid [1] do— quo cogitur esse ferox.
Hic non degenerat, generoso germine natus,
    Regibus ortus, obiit Resus, ad astra redit.
Grifinus filius Resi statim post obitum patris sui curiam Regis adivit, ibique factus hæres domum rediit. Mailgonus Resi filius circa Augustum Grifinum fratrem suum cepit, et Wenevinwe filio Owini custodiendum tradidit, quem postmodum Wenevinwen regi pro Carrec Huwa dedit. Resus Parvus et Maredut filii Resi a carcere Grifini fratris sui soluti sunt.'

1198. Annus [2] MCXCVIII. Grifinus Resi filius a carcere regis solutus est. Cædes Walensium a Francis facta est in Elwail in obsidione Payn. Præcepit rex Ricardus omnes cartas in regno suo emptas reformari et novi sigilli sui impressione roborari.' [3] [Petrus episcopus Menevensis obiit, qui opus novum ecclesiæ Menevensis incepit, vixit autem episcopus XXII. annis, mensibus VII. diebus XV.]

A.D.

1199. Annus [1] MCXCIX. [2][Ricardus rex Anglorum in quadam expeditione apud Lymoses ictu balistæ percussus diem clausit supremum, cui successit Johannes frater ejus.] [3] Willielmus Dewer Herefordensis episcopus obiit in Christo, cui successit in episcopatum filius Willielmi de Breusa, Egidius nomine. Houelus Seis Resi filius erga Pascha curiam regis Johannis adivit, et in reditu suo apud Striguil ægritudine correptus obiit, vel, ut alii volunt, a Francis occisus est; qui omnes Walliæ duces largitate præcellebat. Willielmus Marescallus factus est comes Penbrochiæ.'

1200. Annus [1] MCC. [4] Mailgonus filius Resi, ut vidit quod solus terram patris sui tenere non potuit, quin Francis vel Grifino fratri suo partem daret, eligit potius cum hostibus partiri quam cum fratre. Vendidit igitur regi castellum Abertewi pro parvo argenti pondere, et pro maledictione cleri et populi totius Walliæ.' [3] Geraldus filius Mauricii in Hibernia defunctus est. Incipit ordo Prædicatorum.'

1201. Annus [1] MCCI. [5] Maredut filius Resi, inclytus adolescens, a Francis de Kedweli die Sancti Swithini occisus est, cujus corpus ad Kedweli dilatum ibique juxta ecclesiam Sanctæ Mariæ humatum est. Grifinus Resi filius terram Maredut fratris sui scilicet Cantrefbechan, cum oppido Llanamdewri sibi cepit; sed ante mensem exactum Grifinus quadam

---

[1] *Not in C.*

[2] *C.*

[3'] *Not in C.*

[4'] Mailgum filius Res castellum Abeteyui hominibus Resi donavit, et obsides a baronibus accepit, *C.*

[5'] Grifut filius Res obiit, et Maredut frater ipsius ab hominibus de Kedwell occisus est, *C.*

A.D.

infirmitate correptus ibidem obiit.' Resus
Parvus Cantrefbechan cum oppido tenuit.
[1] Mailgonus Resi filius castellum [2] Kilgerran,
quod in potestate Grifini fuerat, cepit. [3] Innocentius papa ab ordine Cisterciensium pecu-
nias violenter exegit ad subsidium Terræ
Sanctæ, qui a Beata Maria ejusdem ordinis
advocata amonitus, ab hac actione quievit.'

1202. Annus [4] MCCII. Arthurus dux Armoricanorum
Britonum a [5] rege Johanne' in belli conflictu
cum multis baronibus et militibus Philippo
regi Francorum faventibus, captus est, [3] et
Alienor soror ejus cum ipso.'

1203. [3] Annus MCCIII. Galfridus prior Lantoniensis
ecclesiæ die Sancti Nicholai, Menevensis
ecclesiæ episcopus consecratur.'

1204. Annus [4] MCCIV. [6] Arthurus dux Armoricanorum
Britonum in carcere regis Johannis obiit;
vel, ut alii volunt, occisus est.' [3] Philippus
rex Franciæ Normanniam dolo consulum
et baronum terræ ditioni suæ subjugavit.
Johannes de Curci a filiis Hugonis de Laci
Hibernia expulsus est. Robert comes Lere-
cestriæ, miles strenuissimus, obiit. Willielmus comes Marescallus oppidum Kilgerran
primo impetu cepit; familiaribus Mailgonis
qui illud observabant inermibus abire dimissis.' [7] [Eodem anno Galfridus Menevensis
episcopus in octavus Sancti Andreæ apostoli
Londoniis consecratur ab Huberto Cantua-

---

[1] Mailgum, C.
[2] Kilkeran, C.
[3] Not in C.
[4] Not in C.
[5] Johanne rege Angliæ, C.
[6] Idem Arthurus in carcere amit-

titur; nec scitur pro certo quo
devenit. Mors tamen ejus impu-
tatur Johanni regi Angliæ avunculo suo, et quod eum propria manu
peremit. C.
[7] C.

riensis archiepiscopo. Nam sex præcedentibus annis sedes vacaverat propter controversiam electionis inter Cantuariensem archiepiscopum et abbatem Sancti Dogmaelis, lite ad ultimum determinanda in curia Romana.]

1205.   Annus [1]MCCV. Hubertus Cantuariensis archiepiscopus obiit, [2][vir magnæ industriæ et mirabilis astutiæ, sed parum literatus, totius tamen Angliæ quandoque justiciarius. Quo humato, statim monachi [3]Cantuarienses subpriorem suum elegerunt, et cum literis prioris et conventus magna onustum pecunia ad curiam Romanam transmiserunt. Quod cum regi Johanni innotuisset, illico omnia victualia et omnia necessaria et etiam exitum vel introitum extra cymiterium præfatis monachis inhibuit. Illi autem videntes destructionem suæ domus imminere regem adierunt, et consiliis ipsius adquiescere promiserunt. Veniens itaque rex Cantuariam episcopum Norwicensem sibi valde familiarem secum adduxit, monachos corrupit, promittendo priori et XII. majoribus conventus cuilibet eorum episcopatum vel abbaciam ut memoratum episcopum postularent, et sic eum postularunt, et tanquam postulatum ad osculum pacis receperunt in conventu et in refectorio, et literas suas transmiserunt subpriori in curia Romana existenti et munus consecrationis expectanti ut domum rediret, et ne de negotio electionis de se [4]factæ quicquam intromitteret. Quod cum a domino papa compertum esset nuncios cum literis suis domino regi destinavit ut rex literas suas patentes

---

[1] *Not in* C.
[2] C.

[3] Cantuar̄. *MS.*
[4] frē *MS.*

de ratihabitatione cum priore et XII. de discretioribus Cantuariensis ecclesiæ Romam mitteret, ut quem illi in præsentia papæ eligerent, dominus papa consecraret; consecratumque cum pallio in Angliam transmitteret. Venientes autem monachi ad curiam Romanam, quod regi firmiter et cum juramento promiserant, neglexerunt, et dissensione inter eos habita, imo mortuo quinque ex ipsis, in proposito sicut promiserant permanserunt. Dominus autem papa audiens episcopum valde esse secularem et a pluribus diffamatum, priorem cum reliquis modis omnibus induxit ut magistrum Stephanum Anglicum quendam theologum valde literatum eligerent. Eo autem electo, dominus papa eum honorifice consecravit, et cum privilegiis et pallio in Angliam ad sedem suam transmisit. Quod cum regi innotuisset, omnes monachos Cantuariensis ecclesiæ de regno suo expulit, nec unus eorum in toto regno Angliæ remansit. Et introitum archiepiscopo et suis in regnum inhibuit. Dominus autem papa, factis pluribus monitionibus domino regi ut archiepiscopum reciperet, rege semper in malitia perseverante, totam Angliam sub generali interdicto conclusit, ne aliqua divina in ecclesiis celebrarentur excepto solo baptismate. Et ne aliqua corpora episcoporum, abbatum, monachorum, clericorum, laicorum, in cymiteriis aut locis consecratis sepelirentur, sed extra civitates et villas in triviis et quadriviis et in viarum exitibus sepelirentur. Henricus Exoniensis episcopus obiit.] [1] Rex

---

[1] Johannes rex Angliæ Rothomagum totamque Normanniam amisit. *C.*

Angliæ Johannes cum exercitu Pictaviam intravit, sed cum Philippo Francorum regi minime resistere potuit, in Angliam vacuus rediit.' [1] Resus Parvus cum Francis castellum Luchewein, quod erat in potestate filiorum Grifini, combussit, omnibus occisis qui illud observabant. Mutatio monetæ facta est.'

1206. Annus [2] MCCVI. [3] [Prior Cantuariensis Romam adiit.]

1207. Annus [1] MCCVII. Cepit rex tertiam decimam partem regni tam de mobilibus quam immobilibus ad recuperandum hæreditatem suam in Northmania. Ab hac exactione liber fuit Cisterciensium ordo.' [3] [Magister Stephanus de Langedun a papa Innocentio, Tertio circa Kalendas Julii in archiepiscopum Cantuariensem consecratur.]

1208. Annus [1] MCCVIII. Resus Parvus secundo castellum Luchewein combussit, oppidanis partim captis, partim cæsis.' [3] [Generale interdictum fit per totam Angliam x. Kalendas Aprilis Dominica prima in Passione Domini. Eodem anno circa festum Sancti Michaelis, Willelmus de Brewsa, mota discordia inter ipsum et regem, cum uxore et filiis timens regem in Yberniam fugit.]

1209. Annus [1] MCCIX. Natus est Ricardus Secundus regis filius. Rex in Scotiam ivit.'

1210. Annus [2] MCCX. [3] [Omnes episcopi Angliæ de regno ejecti sunt, exceptis duobus Wintoniensi et Noruicensi, per quem et propter quem tota discordia mota est.] [4] Rex Jo-

---

[1] *Not in C.*
[2] *Not in C.*
[3] *C.*
[4] Eodem anno Johannes rex Angliæ cum magno exercitu et appa-

ratu venit Pembrochiam, et collectis ibidem M. navibus apud Milford, id est Aberclethif, in crastino Sanctorum Cyrici et Iulittæ matris ejus, mare intrans, applicuit apud Water-

A.D.

hannes Walterum et Hugonem de Laci Hibernia, Wallia, Anglia, expulit.' [1][Rex autem peracto ibidem pro voluntate negotio die Martis proxima post Assumptionem Beatæ Virginis reversus de Ybernia applicuit apud Fissegard, id est, Abergweun, et cum festinatione Angliam adiit. Eodem anno amisit Robertus filius Ricardi castellum Hauerfordiæ cum tota baronia.] [2]Incipit ordo Minorum.'

1211. Annus [3]MCCXI. [4]Johannes rex Angliæ cito post Pascha exercitum in Norwallia movit; cujus in auxilium de Switwallia venerunt duo filii Resi, Mailgonus et Resus Parvus, de Powis Wenninwen filius Owini et alii minoris potestatis duces. Hoc audiens Lewelinus dux Norwalliæ omnia usque ad montem Hereri removit. Rex igitur videns se nil agere posse, coactus in Angliam vacuus rediit. Item rex prædicti opprobrii non immemor secundo in Nortwalliam gressum

---

ford, id est Porthlarki, et Walterum de Lacy sibi rebellem cepit, qui omnes munitiones et terras suas eidem regi resignavit, quia aliter vitam et membra habere non potuit. Hugo autem de Lacy, vir perversus, in parva navicula in Scotiam evasit, capta tamen ibidem uxore Willelmi de Brerosa et Willelmo juniore filio ipsius, qui ducti ad regem ex præcepto ejusdem in dolio clauduntur, et sic missi in Angliam in castello de Windesors fame et inedia perierunt. *C.*

[1] *C.*

[2] *Not in C.*

[3] *Not in C.*

[4] Johannes rex cum magno exercitu Nortwalliam adivit, et Lewelino filio Ioruerth principi Venedotiæ, cui Annam filiam suam in uxorem dederat, munitiones et oppida sua abstulit; et vix pacificatus Lewelin xxx. obsides regi dedit, et, ut perhibent, vii. millia averia cum equis pluribus et canibus et avibus promisit. Episcopatum autem Bangorensem, qui ad eum venire noluit in ecclesia Bangorensi ante altare episcopalibus indutum capi præcepit. Qui data pecunia vitam et membra, prout melius potuit, redemit. Rex facta pace in Angliam rediit. *C.*

duxit, et in ea castella XIV. vel amplius firmavit. Lewelinus ad prædicti montis tutamina cum suis se recepit. Tandem mediantibus Angliæ et Walliæ optimatibus, reconciliantibus, tribus millibus pecorum regi datis, rex in sua rediit.' [1] Franci ductu filiorum Resi Mailgoni, scilicet et Resi Parvi, castellum Aberistut firmaverunt. Sed Mailgonus et Resus, cognita Francorum perfidia, statim combusserunt, oppidanis abire dimissis. Mailgonus in Swtwalliam bellum movit. Catwaloin Glamorganiæ prædas et combustiones fecit, non sine hominum detrimento.' [2] [Robertus filius Ricardi XIV. Kalendas Junii obiit.]

1212.   Annus [1] MCCXII. Mailgonus et Wennenwen cum Lewelino Nortwalensium duce fœdus inierunt, et in Powis stragem magnam de Francis fecerunt. Robertus de Wepini in fugam versus in Angliam vix evasit.' [2] [Mense Februarii nocte quadam quiescente quodam viro bonæ conversationis et honestæ in stratu suo circa mediam noctem audivit quasi quamdam sibi dicentem, " Surge et vide mira et magnarum " rerum prænostica." Qui statim expergefactus Crucis signaculo se munivit, et surgens a lecto foras exivit, et circumspiciens undique elevans oculos in cœlum tres lunas vidit; unam in ortu hyemali, minorem plena, majorem semiplena; duas alias in occidente vidit quæ minores erant vergentes in occasum. Homo autem stupefactus sacerdoti suo visionem indicavit, qui visionis testimonium perhibuit.]

---

[1] *Not in C.* | [2] *C.*

A.D.

1213. Annus [1]MCCXIII. Lewelinus dux Norwalliæ cum ducibus sibi confœderatis, scilicet Malgone et Wenninwen et aliis minoris nominis et potestatis ducibus, castella per Norwalliam et Powis a rege firmata, unum post aliud, valida manu ceperunt, oppidanis [2]partim cæsis, [2]partim redemptis, partim abire dimissis. Resus et Owinus filii Grifini, Francorum auxilio, Denewr et Lanam Deweri ceperunt, Reso Parvo domino terræ vi expulso. Resus Parvus ad Mailgonem se transtulit, et cum eo parum moratus inde ad Francos venit, qui eum post modicum temporis intervallum ceperunt, et in Angliam duxerunt. Offert rex ecclesiæ Romanæ totum regnum Angliæ et Hiberniæ tenenda ea sibi et hæredibus suis tanquam feudariis per annum redditum M. marcarum.' [3][Philippus rex Francorum ex præcepto domini papæ Innocentii Tertii in Angliam ire proposuit ut restitueret Stephanum Cantuariensem archiepiscopum ad sedem suam; collectaque navium multitudine apud Caleys, rex Johannes galeas suas ultra mare transmisit, spoliataque classe regis Francorum circiter octoginta naves combusserunt. Combusta igitur classe, rex Philippus Parysius rediit. Rex autem Angliæ timens iterum adventum regis Francorum in Angliam ex consilio totius regni archiepiscopum et omnes episcopos, qui in exilio erant, revocavit. Qui redeuntes e rege et ab omnibus honorifice suscepti sunt.]

---

[1]' *Not in C.*
[2] partem *in MS.*

[3] *C.*

A.D.

1214.   Annus [1]MCCXIV.   [2]Rex Angliæ circa Purificationem Beatæ Virginis Pictaviam intravit,
cui in auxilium cum Alemannis nepos suus
Otho venit. Hæc audiens rex Franciæ
Philippus non in arcu suo sperans et gladio
sed in Ipso qui aperit et nemo claudit,
Othonis aciem invasit, eamque dissipavit, dis-
sipatam cædit, prostravit, pedibus equorum
conculcavit ; cepit etiam tres nobiles consules, Willielmum Longum-ensem fratrem
regis Angliæ, et consulem Britanniæ, et consulem Flandriæ. Othone in fugam verso, rex
Franciæ cum triumpho ad sua rediit.' [3]Unde
Francia in gaudium versa est, Anglia in
luctum. Rex Angliæ in Angliam rediit, ubi
postmodum Crucis signaculo se insignivit.'
[4]Discidium ortum est inter regem Angliæ et
consules et barones aquilonales, [5]cujus discidii
meminit Merlinus vates in vaticinio suo,
dicens, "Nam discidium alienigenarum orietur."
Consules et barones aquilonales cum princi-
pibus Walliæ contra regem fœdera inierunt.
Egidius de Breuso Herefordensis episcopus,
facto cum ducibus Walliæ et baronibus
Angliæ fœdere, terram patris sui cum castellis
vi adquisivit, familiaribus regis undique ex-

---

[1] *Not in C.*

[2] Johannes rex transfretavit in Pictaviam. Eodem anno Otho imperator cum comitibus Flandriæ et Boloniæ et comite Salesburiæ, fratre regis Angliæ, cum magno exercitu ad debellandum regem Francorum ad terminos Franciæ venerunt. Quibus occurrens rex Francorum eos devicit, et fugato imperatore iv[or] comites cepit, mul-

tamque multitudinem baronum et militum, cæteros autem, in quantum potuerunt occiderunt circiter xx. millia, ut perhibent. *C.*

[3] *Not in C.*

[4] Discordia mota est inter Johannem regem Anglorum et omnes barones totius regni propter oppressiones quas eis intulerat et libertates quas eis abstulerat. *C. under the succeeding year.*

pulsis. Mailgonus et duo filii Grifini in vigilia Ascensionis Domini ad Demetiam cum exercitu venerunt, et omnes Wallenses Demeticæ regionis conquisierunt, et secum ultra Tewi abduxerunt partim, partim vero apud Emlin et Elwed remanserunt. Resus filius Grifini cum auxilio Mailgoni patrui sui Kedeweli et Kernawallan conquisivit. Inde ad Goer potenter divertit, et in ea prædas et combustiones fecit, et castella combussit et evertit, non sine hominum detrimento. Pro qua re ballivi et burgenses de Kermerdin villam suam combusserunt. Resus filius Resi a carcere regis solutus est. Egidius Herefordensis episcopus obiit in Christo. Stephanus Cantuariensis archiepiscopus et [1] Galfridus Menevensis episcopus cum omnibus fere Angliæ, Scotiæ, et Walliæ, Hiberniæ, Franciæ, et Cisalpinis et Transalpinis episcopis, Romam adierunt.' [2] Lewelinus Nortwalliæ dux cum Nortwalensibus, et Wenninwen filius Owini cum Powisiensibus, Mailgonus et Resus et duo filii Grifini, Resus et Owinus, cum Dextralibus, die Conceptionis Beatæ Mariæ ad Kermerdin venerunt, et infra Natale castellum Kermerdin, Francis expulsis non belli conflictu, sed solo eorum timore, ceperunt et everterunt; et cum eo castellum Kedweli et Sancti Stephani et Sancti Clari et Treftraid. In vigilia vero Natalis Domini præfati duces læto vultu fluvium Tewi transierunt, et die Sancti Stephani Aberteiui et Kilgarren ceperunt, quæ duo castella tanquam jure paterno

---

[1] G. *in MS.*
[2]' Et Lewelinus cepit Karmardyn et Cardigan et Kilgarran. *C.*

A.D.

sibi integra servaverunt.' [1] Unde Walenses
læti ad sua redierunt, Franci vero tristes
undique ejecti, velut aves huc et illuc dis-
persi sunt.' [2] Relaxata est sententia interdicti
a domino papa,' [1] et orta est dissensio inter
reges et barones, ut prædictum est.' [3] [Gal-
fridus Menevensis episcopus obiit, cui successit Gervasius—consecratus est Gervasius
Menevensis episcopus.]

1215. Annus [1] MCCXV. Wenunwen a Lewelino principe Norwalliæ sua patria expulsus est. Hoelus
filius Grifini obiit. Lodovicus filius regis
Franciæ venit in Angliam ad prœliandum
contra regem. Wenunwen obiit.'

1216. Annus [1] MCCXVI. Lewelinus princeps Nortwalliæ magnum exercitum in Gower movit,
et castellum Abertaui primo impetu cepit;
inde cum ducibus sibi confœderatis, scilicet
Mailgono et Reso Parvo et filiis Grifini et
aliis Ros adivit. Sed Anglici dolosi et in
omnibus fere odiosi, quia ei non possent resistere XXIV. obsides communi consilio et consilio [4] Gervasii Menevensis episcopi, qui Wallen-
sibus magis nocuit quam profuit, tradiderunt;
et hoc conditionaliter fecerunt, quod obsides
infra breve spatium pro mille marcis delibe-
rarent, totius terræ potestatem ei tribuerunt.'
[3] [Primus decennovennalis cicli ab Incarnatione Domini MCCXVI. in quo generale concilium Romæ celebratum est sub Innocentio
III. In quo omnes clerici per universum
mundum aut inviti aut spontanei vicesimum
denarium omnium reddituum suorum reddere

---

[1] *Not in C.*
[2] Relaxatio interdicti per totam
Angliam v[to] Nonas Junii. *C.*

[3] *C.*
[4] G. *in MS.*

A.D.

coacti sunt per triennium quasi in subsidium terræ Ierosolimitanæ. Laudatur ab his dominus papa, culpatur ab aliis. Plurima præcepta fuerunt ibi promulgata sed a paucis observata. Ibidem etiam fuit ordinatum de decimis Alborum monachorum. Innocentius obiit. Et intronizatus fuit Honorius.]

1217. Annus [1] MCCXVII. [2] [Mota est discordia inter Johannem regem Anglorum et optimates totius regni sui; et cum non posset illis resistere crucem suscepit, et nuncios ad curiam Romanam transmisit, exorans et postulans a domino papa ut eum quasi crucisignatum defenderet. Et ea conditione totam Angliam domino papæ tributariam fecit, reddendo annuatim curiæ Romanæ septingentas marcas. Dominus itaque papa transmisit legatum in Angliam, qui et Lodouicum filium regis Francorum, qui in Angliam venerat, cum omnibus fautoribus suis excommunicavit, et sic de Anglia post absolutionem tamen a legato adeptam cum dedecore recessit.]

1218. Annus [3] MCCXVIII. Barones qui homagium fecerunt Lodowico interfecti sunt, et quam plurimi Francorum, pugnante Domino pro rege.' [2] [In cujus fine ante festum Beati Michaelis Johannes rex Angliæ viam universæ carnis ingressus est; vir quidem malitiosus, oppressor ecclesiarum et optimatum totius regni, ut videbatur odiosus Deo et hominibus, morte repentina præventus, de cujus morte pauci vel nulli tristes effecti sunt. Post mortem ipsius legatus supramemoratus filium ipsius Henricum Parvum VII. annorum apud

---

[1] *Not in C.*
[2] *C.*

[3'] *Not in C.*

Glocestriam, ut aiebant, diademate regni in-signivit, in festivitate Symonis et Judæ. Lewelinus fuit apud Wolnedale in Ros.]

1219. Annus [1] MCCXIX. Lewelinus princeps totius Walliæ cum aliis ducibus minoris potestatis sibi confœderatis in Augusto exercitum magnum in Dewet movet, et castellum Arberth cum primo nutu sine ulla contentione, viris partim cæsis, partim captis, combussit; deinde castellum Wiz in crastino adivit, et id idem, solutis viris cum suis armis, dato eis fœdere, sine mora destruxit.' [2] Postea castellum Harford adivit, et totam villam combussit, et castellum debellare noluit.' [1] Deinde apud Pul in Ros pernoctavit, et totam patriam combussit, necnon omnia animalia totius patriæ in simul congregata mactare præcipit. Deinde Penbroc voluit adire, sed ipsi præ timore viri fortis ad fœdus habendum ducentas marcas pepigerunt. Hoc facto ad propria, salvis omnibus viris suis, rediit.' [3] Obiit Willielmus Marescallus senior.' [4] [Civitas Damieta mense Novembrum miraculose a Christianis capta est, [5] quæ duobus antea annis obsessa fuerat. Fuerunt autem in ea XLV. millia armatorum, ut asserebant, exceptis mulieribus et parvulis. Sed plurimi [6] fame et inedia mortui fuerunt. Die namque qua civitas capta fuit inventa fuerunt, ut dicitur, tria

---

[1]' Not in C.

[2]' Eodem anno Lewelinus filius Youerith combussit Hauerfordiam Nonas Septembris, *under the succeeding year in C.*

[3]' Willelmus Marscallus vetus comes Penbirchiæ obiit. *C. After this we have the sentence*—Et Ger-

vasius episcopus Menevensis, cui successit Anselmus thesaurius Exoniensis—*written and then crossed through.*

[4] *C.*

[5] Qui *in MS.*

[6] Fama *in MS.*

millia corpora inhumata, exceptis illis quos in
fluvium præcipitaverant. Inventa autem fuit
civitas plena divitiis, auro et argento, vestibus
sericis et lapidibus pretiosis. Qua capta,
statim archiepiscopus in ea consecratus est a
domino legato et patriarcha et ab archiepi-
scopis et episcopis pluribus qui ibi aderant.]

1220. Annus ¹ MCCXX. Resus filius Grifini, miles strenuus, fortis ut Hector in armis, gemma ducum,
flos militum, comes Penbrochiæ [obiit]. Willielmus Marescallus junior Hiberniam intravit.' ²[Translatio Sancti Thomæ martyris
Idus Julii. Nova turris Menevensis ecclesiæ
die Lunæ ante festum Sancti Martini, nemine
mortuo vel læso, statim post vesperas in
ruinam improvisam versa est.]

1221. Annus ¹ MCCXXI. Philippus rex Franciæ obiit
in Christo. Willielmus comes juvenis filius
Willielmi Marescalli comitis de Ibernia rediens reversus est ad Sudwalliam; ibi castella
Kermerdin et Aberteiui adquisivit, et sui
complices omnes ecclesias fere de Deveth
spoliaverunt. Rex Scotiæ duxit uxorem sororem regis Angliæ. Crux sancta reddita est
Christianis.' ²[Civitas Damieta a Saracenis
iterum dolose capta est. ³Willelmus junior
filius Willelmi collecto magno exercitu in
Yberniam, classe præparata, Sabbato Palmarum
apud Sanctum David applicuit, et in septimana Paschali castellum de Cardigan nullis
resistentibus cepit; similiter et Cayrmardin.
Convocatisque cognatis et affinibus suis comitibus et baronibus de Anglia, castellum de

---

¹′ Not in C.
² C.

³ Annus. Annus, *occur here in* MS.

A.D.

Kilgarran refirmavit. Multos insultus in Walenses fecit. Confœderatoque sibi Conano filio Hoeli prædam maximam de terra de Cardigan abduxit, totamque terram usque ad Ayron cepit, quam custodiæ dicti Conani commisit, et ipse cum suis discessit.]

1222. Annus [1] MCCXXII. [2] Willelmus Marescallus iterum Hiberniam intravit et justiciarium totius Hiberniæ accessit, et filios [3] Hugonis de Lacy subjugavit, quos ad regem Angliæ ut concordiam ejus inirent adduxit.' [4] Lowys rex Franciæ Pictaviam pessundavit.' [5] [Henricus rex Angliæ filius Johannis amisit Pictaviam.]

1223. Annus [1] MCCXXIII. [5] [In quo primo constitutus est præcentor in ecclesia Menevensi. Et inceptum fuit novum opus majoris ecclesiæ Sancti Thomæ Hauerfordiæ.] [4] Lewelinus cepit castrum de Witinton et prostravit.'

1224. Annus [1] MCCXXIV. [6] Castrum de Bedeford captum est.' [5] [Annus in quo Lodovicus rex Francorum expugnavit castra comitis Sancti Egydii, et præcipue Avinum, et muros ejus evertit. Annus in quo Maredut filius Resi archidiaconus de Cardigan obiit. Reginaldus de Breosa obiit, cui successit Willelmus, filius ejus : qui eodem anno captus est in Kery.]

1225. Annus [1] MCCXXV. [7] Henricus rex junior cum totius Angliæ exercitu et maximo armorum

---

[1] Not in C.

[2] W. in MS.

[2'] Et eodem anno Willelmus Marscallus cepit castrum de Trumme in Yberniam, et expugnavit Hugonem de Lacy. C.

[3] Hu. in MS.

[4'] Not in C.

[5] C.

[6] Et cepit castrum de Bedeford, immediately after amisit Pictaviam under 1222. C.

[7] In quo gwerra mota est inter Henricum regem Angliæ filium

A.D.

apparatu provinciam de Keri intravit, et castellum ibidem formavit, cui viriliter resistans
Lewelinus Nortwalliæ princeps, convocatis
ducibus Sutwalliæ, stragem non modicam exercitu regis intulit, et Willielmum de Breusa
cepit. ¹[Et eodem anno exiit a captivitate
in cathedra Sancti Petri.] ²Vidensque rex
quod propositum suum parum ei proficeret,
accepta quadam summa pecuniæ ad ³con-
principes, eo pacificato castellum inceptum
fugit et vacuus domum redit.'

1126. Annus ⁴MCCXXVI. Lewelinus princeps Nord-
walliæ Willielmum de Breusa pro magna
summa pecuniæ et pro castellis de Buelth de
carcere liberavit, ad augmentum etiam fœderis
Willielmo de Breusa filiam suam cum pro-
vincialibus et castello de Buelth dedit in
uxorem. Urbs Hierosolymitana a Frederico
imperatore et complicibus Christianis capta
fuit.' ¹[Gervasius episcopus Menevensis obiit,
cui successit Anselmus Crassus. Et Terra
Sancta reddita est imperatori.]

1127. Annus ⁴MCCXXVII. ²Lewelinus princeps Nord-
walliæ Willielmum de Breusa pro nimia
præsumptione sua et infamia devicit et postmodum morti tradidit.' ⁵Henricus rex Angliæ
circa Kalendas Maii cum totius Angliæ exercitu ad instantiam comitis Britanniæ Minoris

---

Johannis et Lewelinum principem
Walliæ in qua gwerra captus est
Willelmus de Breosa a dicto principe. *C.*
  ¹ *C.*
  ²' *Not in C.*
  ³ conprincipe *in MS.*
  ⁴ *Not in C.*

⁵ H. *in MS.*
⁵' Henricus rex filius Johannis
transfretavit in Britanniam circa
festum Apostolorum Philippi et
Jacobi a Portesmuth et apud Bur-
deus applicuit. Et regem Franciæ
noluit oppugnare, sed, *C.*

ad Britanniam transfretavit, regemque Franciæ inquietare cœpit;' [1] [ibi reliquit Willelmum Marscallum, qui aliquantulum ibi moram faciens repatriavit.]

1228. [2] Annus MCCXXVIII.'

1229. [2] Annus MCCXXIX. Henricus rex cum exercitu suo fuit apud Poresmue. Comes Britanniæ venit in Angliam.'

1230. [2] Annus MCCXXX. Obiit Gilbertus comes Gloverniæ.'

1231. Annus [3] MCCXXXI. [2] Lewelinus princeps Norwalliæ, suis comitatus inprisis, quibusdam de causis inter ipsum et regem subortis, Mungumriam, Brechoniam et Haiam cum Radenor castello soletenus dirupto et incendio devastavit. Deinde versus Guentiam tendens et Karlion in cinerem redigens, castella de Neth et Kedwely et de Kardigan, villa prius a Mailgono succensa, prostravit, probis partium illarum sibi subjugatis, et fidelitate a magnatibus Lewelino præstita universis præter quam a Morgano filio Hoeli Anglicis confœderato, qui sibi jus suum hæreditarium duxerant restituendum. Accidens autem interim rex Angliæ cum exercitu suo versus Marchiam et expensas faciens infinitas, castellum Paen de petra et calce nobilissimum construxit, et armatorum multitudine sufficienter communivit.' [4] Obiit [5] Willelmus Marescallus VII. Iduum Aprilis,' et Ricardus frater ejus factus est comes Penbrochiæ. [6] Ricardus

---

[1] C.
[2] Not in C.
[3] Not in C.
[4] Willelmus Marascallus junior

comes Penbroch viii Idus Aprilis obiit, C.
[5] W. MS.
[6] R. MS.

comes Cornubiæ desponsavit Isabellam comitissam Gloucestriæ. [1] Henricus rex firmavit
castrum Matildis.

[2] [Tanta siccitas fuit per totam Angliam ut per
totam æstatem a mense Martio usque ad
Octobrem paucissimæ pluviarum guttæ cade-
bant super terram.]

1233. Annus [3] MCCXXXIII. Ricardus comes Cornubiæ
reædificavit castellum de Radenor prius combustum ab exercitu Lewelini principis illo, ut
dicebatur, inconsulto ; sed circa finem illius
anni discordia inter dominum regem et Ri-
cardum Marescallum orta est, unde idem
Marescallus cum indignatione magna a curia
recessit et ad Walenses venit, et fidelitate
juxta eisdem acceptis quibusdam ex illis
secum, villam de Monemu, multis ex suis viris
interfectis, combussit, et castra de Kirdive et
de Penkelli, de Bulkedinas, de Gevenu et de
Blanelleveni cepit. Lewelinus princeps villas
de Brechonia et de Clua combussit, et castrum
quod vocabatur castell Hithoet cepit et destruxit, necnon et villam de Albo Monasterio
in cinerem redegit.' [2] [Hoc anno Henricus
de Trirbelevile succurrit castrum de Cayrmardin obsessum a Ricardo Marscallo et a
Walensibus. Qui veniens per alveum fluvii
Tewy in quadam nave fregit pontem de
Cayrmardyn, ubi plures de obstantibus capta
sunt, plures submersi.]

1234. Annus [3] MCCXXXIV. Egregius Penbrochiæ [4] Ricardus Marescallus, acceptis quibusdam de suis
secum militibus, in Hyberniam navigavit,

---

[1] H. *MS.*
[2] *C.* Annus. Annus, *immediately*
precede in MS.

[3]' *Not in C.*
[4] R. *in MS.*

totam terram illam proponens in manu forti
et brachio extento, ut erat vir probus et
potens in armis, magnus et terribilis, sapiens
et facundus, pius atque formæ elegantis, sibi
subjugare. Sed cum quadam die suos debel-
laret adversarios, et eos, ut leo provocatus ad
iram, a dextris et a sinistris prosterneret et
interficeret, sui barones cum militibus suæ
naturæ non immemores fraude prælocuta
quod eum hostibus traderent, illum in bello
linquentes fugam finxerunt, et sic eum adver-
sariorum fustibus et gladiis tradiderunt, ubi
confractus fuit hostium ictibus et lanceis ab
imo usque ad summum perforatus ad ultimum
tentus, et sic post paucos dies spiritum Deo
reddidit ; cujus amissionem planxit dominus
rex cum nimio dolore et omnes optimates
sui multo tempore. Cui in hæreditatem
successit magister Gilbertus frater suus, juvenis elegantissimus et potens, cui dominus
rex nil de factis fratris sui sibi imputando,
omne jus suum benigno animo dedit et
concessit.' [1] Rees Cryc apud Landeilau Vaur
vitam finivit ; cujus corpus [2] episcopus Meneviam juxta patrem suum, Resum, scilicet
Magnum, sepulturæ traditur a domino An-
selmo Menevensi episcopo cum diro planctu
et honore maximo.' [1] Lewelinus liberavit
Grifinum filium suum quem antea per sex
annos in carcerem tenuerat, et dedit in
medietatem terræ quæ vocatur Llyen. Katwalan filius Mailgon sumpto religionis habitu

---

[1] In quo fuit secunda fuga apud
Cayrmardyn et in quo Resus Creg
obiit, *under the year succeeding*
*the death of William Marshall in
C.*

[2] Sic MS.

apud Cumhyr obiit. Mailgon filius Mailgon aedificavit castellum de Trefilan.

1235. Annus [1] MCCXXXV. Owinus filius Grifini, vir nobilis genere, moribus, præditus largitate mirabili, fere [2] incomparabilis fama excellentissima, perspicuus apud domum de Strata Florida, die Mercurii post octavas Epiphaniæ fine glorioso quievit, ibique juxta fratrem suum Resum in capitulo monachorum extat tumulatus.' [3] Rex Angliæ filiam comitis Brebanciæ in uxorem accepit, et apud Londoniam, præsentibus episcopis, comitibus, baronibus quamplurimis, nuptias splendide celebravit. [4] Gilbertus Marescallus desponsavit sororem regis Scotiæ.'

1236. Anno [1] MCCXXXVI. Guenllian filia Resi Magni, uxor Edneveth Vethan, obiit. Mailgon filius Mailgon circa festum Sancti Michaelis accessit ad principem Lewelinum, et, pecunia interveniente non modica, fecit Maredut filium Owein ad reddendum sibi Mevenit pro Penarch. Quo habito ad spoliandum monachos de Strata Florida se præparavit, videlicet de terris de Strat Meuric, quas sui antecessores et ipsemet eisdem monachis dederant. Eodem anno Madocus filius Grifini dominus de Mailaur, et Owinus filius Maredut filii Roberti de Kedeweighe, obierunt.' [3] Henricus rex Angliæ duxit uxorem Alienoram filiam comitis Provinciæ apud Cantuariam per dominum Eadmundum archiepiscopum.'

[1'] *Not in C.*

[2] incomparalis *MS.*

[3'] Henricus (III[us]) rex Angliæ filius Johannis duxit in uxorem Elianoram filiam comitis Provinciæ. Et Gilbertus comes Penbrochiæ sororem regis Scotiæ, *C.*

[4] G. *MS.*

F

¹[Frater Anianus prædicavit de Cruce in West Wallia.]

1237. Annus ²MCCXXXVII. Obiit domina Johanna filia regis Angliæ et uxor Lewilini principis Walliæ, cujus corpus sepulturæ traditur apud Haber cum diro planctu et honore non modico. Johannes comes Cestriæ gener suus, et Kenwericus domini Resi Magni filius, obierunt. Rex cepit in auxilium tricesimam mobilium.' ¹[Otho Romanæ ecclesiæ legatus venit in Angliam.]

1238. Annus ²MCCXXXVIII. In crastino Sancti Lucæ Evangelistæ juraverunt omnes principes Walliæ fidelitatem domino David filio domini Lewelini principis apud Stratam Floridam. Grifut Yal dolo Maredut fratris sui, ut dicebatur, occisus est. Simon de Monteforti duxit in uxorem Alienoram comitissam Penbrok. Ricardus de Clare duxit uxorem M. filiam J. de Laci comitis Lincolniæ.'

1239. Annus ²MCCXXXIX. Obiit Grifinus filius Maredut.' ³Grifinus filius Lewelini bellica vice captus a David fratre suo.' ²Nascitur Edwardus regis filius.'

1240. ⁴Annus MCCXL. Obiit ille magnus Achilles secundus, dominus scilicet Lewelinus filius Gervasii filii Owini Guynet, tunc princeps Walliæ, recepto habitu monachili in domo de Aberconuy cum magna devotione, cujus opera sum insufficiens narrare. Hostes enim suos clipeo et hasta dominabat, religiosis pacem

---

¹ *C.*

²' *Not in C.*

³' et Griffinus filius ejus captus est a David fratre suo et incarceratus, *C.*

⁴' Omnes magnates Walliæ fecerunt homagium regi Angliæ. Lewelinus princeps Nortwalliæ obiit—Walterus Marscallus edificavit turrim de Cardigan, *C.*

A.D.

servabat, Christi pauperibus victum et vesti-
tum errogabat, terminos suos bellico funiculo
dilatabat, bonam justitiam secundum merita
sua cum amore et timore Dei omnibus ex-
hibebat, tenore debito vel amore omnes sibi
alligabat ; cui successit in hæredem David
filius ejus de Johanna filia Johannis regis
Angliæ ; qui mense Maio ejusdem homagium
fecit Henrico regi Angliæ apud Gloucestriam,
et barones Walliæ post ipsum, quo mense
Anglici, non immemores suæ consuetudinis,
destinaverunt Walterum Marescallum cum
magno exercitu ad firmandum castellum de
Kardigan.' ¹ In manu forti et robore non
invalido comes Cornubiæ profectus est ad
Terram Sanctam.' ² [Walterus Marscallus
cepit terras pertinentes ad honorem de Cayrmardyn pro Gilberto fratre suo.]

1241. Annus ¹ MCCXLI. Recessit Oto legatus de
regno Angliæ, qui cum magna multitudine
archiepiscoporum, episcoporum, abbatum,
cæterorumque religiosorum ab imperatore
captus fuit propter guerram diu existentem
inter ipsum imperatorem et dominum papam
Gregorium Nonum.' ³ Rex Angliæ omnes
Walenses sibi subjugavit, castrumque firmavit
in forti rupe juxta Disserth in Tegeygell,
obsidibus acceptis a David nepote suo pro
Guyneth sibi relicto ipsum David necando

---

¹' Not in C.

² preceded by Annus.

³' Henricus rex filius Johannis venit cum exercitu totius Angliæ versus Nortwalliam usque Rudlan, et misit nuncios ad David filium Lewelin, ut ad eum veniret et adduceret secum Griffinum fratrem suum, quem tenuit in carcere; et cum non posset resistere regi, fregit castellum suum de Degannoe et alia, et tandem venit ad regem cum fratre suo Griffino, quem dedit in manu regis, et omnes qui cum eo eran incarcerati, quos rex adduxit Londonias, et fecit ibidem custodiri, C.

A.D.

usque Londoniam ad concilium celebre ibi constituto, restituendo Grifino filio Gwennunwen jus suum hæreditarium in Powis et filius Maredut filii Kenan in Meyronnyt. David filius Lewelyni tradidit Grifinum fratrem suum carceri domini regis.'

1242. [1]Annus MCCXLII. Henricus rex Angliæ transfretavit in Pictaviam proponens terras quas rex Franciæ ei abstulerat, quod illo anno minime potuit.' [3]Eodem anno fuerunt castra firmata in Wallia a domino Mailgono in Garthgrugyn, a domino [4]Rogero de Mortuo-Mari in Maelenyt. Grifinus filius Maredut filii Resi tunc archidiaconus de Kerdigan [obiit].' [3]Gilbertus Marescallus apud War in quodam torniamento obiit, cui successit in hæreditatem Walterus frater ejus.' [5][Captus fuit Walterus de Marisco in insula de Londey.]

1243. Annus [6]MCCXLIII. Henricus rex Angliæ [7]rediit de Burdegalis cum regina sanus et incolumis.' [2]Alienora regina peperit filiam in Vascania nomine Margaretam.'

1244. [2]Annus MCCXLIV. Resus filius Resi Crek obiit.' [8]Grifinus filius Lewelini in carcere domini regis Londoniis detentus, funem per quendam fenestram transjecit, ut ita evadere

---

[1'] Eodem anno Henricus rex idem transfretavit in Gasconiam circa festum Sancti Johannis ante portam Latinam, C.

[2'] Not in C.

[3'] Gilbertus Marscallus comes Penbrochiæ obiit ivo Kalendas Julii. Et eodem anno Walterus Marscallus factus est comes Penbrochiæ circa festum Symonis et Iudæ, *before the preceding entry in C.*

[4] R. *in MS.*

[5] C.

[6] *Not in C.*

[7] rediens de Gasconia applicuit in Angliam circa festum Exaltacionis Sanctæ Crucis, C.

[8'] Grifut filius Lewelin mortuus est in carcere apud Londoniam, sive dolo sive aliter ignoratur. Et David filius Lewelin combussit Cayrmardyn, C.

A.D.

possit. Sed infortunio accedente in terram cecidit, et collo ac cruribus confractis spiritum exhalavit. Quo audito, David frater ejus ira commotus, suis congregatis magnatibus in hostes suos, tanquam leæna raptis catulis suis, irruit, expellans eos omnino a finibus suis, exceptis qui in munitionibus et castellis. Deinde omnes principes Walliæ sibi adunavit præter tres, scilicet Grifinum filium Madauc, Grifinum filium Wennunwen, et Morgan filium Howel, quibus postea damna et gravamina intulit non modica.' [1] Maredut filius Roberti obiit, sumpto religionis habitu apud Stratam Floridam. Alienora regina peperit filium Edmundum.'

1245. Annus [2] MCCXLV. [1] Conquieverunt hæredes Willielmi Marescalli in pace.' [3] Henricus rex omnes Walenses subjugare volens magno congregato exercitu venit usque Deganuu, et firmato ibi castello, in Angliam rediit.' [1] Unde et in memoriam facti multa e suis mortuorum cadavera per Nortwalliam reliquit inhumata, tam in mare quam in terra. Positum est fundamentum Westmonasterii.' [4] [Venit Walterus Marscallus apud Hauerfordiam.]

1246. Annus [2] MCCXLVI. [5] Obiit ille clipeus Walliæ David filius Lewelini apud Aber, cujus corpus cum fletibus multis sepulturæ traditur apud Aberconuy,'[1] cui successerunt in hæredem filii fratris sui Grifini, scilicet Owinus et Lewelinus, qui prudentum virorum consilio terram æque

---

[1]' Not in C.

[2] Not in C.

[3] Henricus rex Angliæ movit gwerram contra David, *under the succeeding year in C.*

[4] C.

[5]' et in illo anno mortuus est David, C.

A.D.

inter se diviserunt.' [1] Nicolaus de Molyns senescallus de Kermerdin ad terram Mailgonis cum miro exercitu accessit, Mailgone fugato usque ad Meronnyth. Dictus tamen Nicholaus ibidem moram non fecit, sed terris post se in regia potestate relictis, cum jam dicto exercitu pervenit usque Degannuy, unde prædictos juvenes manu valida exhæredere proponebat, et exercitibus tandem circumquaque super dictos juvenes irruentibus, ipsi se divinæ commendantes voluntati se cum suis more Machabæorum, disponente Deo, in montibus salvaverunt indemnes; quo exercitu redeunte Mailgun in conductu prædicti Nicholai ad regem accessit, qui vix regiam obtinuit gratiam. Ita tamen quod nihil de propria hæreditate habuit præter duos commotos, scilicet Geneurglin et Hyscoid.' [2] Obiit Radulphus de Mortuo Mari.' [3] Obiit comes Walterus Marescallus apud castrum Godrici; eodem anno obiit Anselmus Marescallus apud Striguil, quorum corpora apud Tinternam sunt tumulata.' [4] [Imperator Fredericus depositus est. Maredut filius Res deprædavit villam de Cayrmardyn. Dominus Herebertus filius Mahii interfectus fuit a Walensibus in Glamorgan in quodam clivo prope castrum quod fuit Morgani Cam.]

1247. Annus [5] MCCXLVII. [4] [Exercitus Demetiæ, domino Nicholao de Meules et Grifino filio Guenoynwyn ducibus, transiverunt fluvium de Deui et per maximam partem Nortwalliæ, nullo obstante seu etiam contradicente.]

---

[1] Senescallus de Cayrmardyn obsedit castrum de Deresloyn, *under the preceding year in C.*

[2] *Not in C.*

[3] Walterus Marscallus obiit v° Kalendas Decembris, *C.*

[4] *C.*

[5] *Not in C.*

A.D.
1248. Annus [1] MCCXLVIII. [Terræmotus magnus fuit
in Britannia et Ybernia quo terræmotu
magna pars ecclesiæ Menevensis corruit, et
plura edificia in patria, et rupes scissæ sunt,
XI. Kalendas Martii. Anselmus Menevensis
episcopus obiit; cui successit magister Thomas
Wallensis. Fur quidam intravit ecclesiam
Menevensem, et eam vestibus, ornamentis,
et ceteris rebus spoliavit, et spolia in rupi-
bus maritimis abscondit. Custodes vero ecclesiæ super hoc dolentes, impingebatur enim
eis a quibusdam, Deum Beatumque David
patronum loci suppliciter oraverunt, ut eos
sicut erant innocentes demonstrarent. Quadam autem die non multum post, cum post
prandium sacrista, nomine Madauc, de ho-
spitio suo ad ecclesiam iret, hostium ecclesiæ
aperuit, et locum in quo ornamenta erant
intrans, furem in medio ornamentorum stan-
tem, et calicem auream in manu tenentem
invenit. Sacrista vero super hoc admirans,
ait, "O fur infelix, quid hic facis? Quod te
" infortunium huc adduxit? Tu vasa et orna-
" menta istius ecclesiæ nuper amissa furtive
" rapuisti." Fur confitens et non negans, ait,
" Ego vere rapui." Prosiliens sacrista abripuit
ei cultellum quod ad corrigiam suam habebat, et eum captum coram clero et populo
deduxit. Clerus et populus pro tanto miraculo
plaudentes, Deum et Sanctum David [2] hy-
mnis et canticis collaudarunt. Mortalitas et
fames magna in Britannia et in Ybernia.
[3] Partita fuit terra comitis Marscalli inter

---

[1] *Not in C.*
[2] Ympnis *in MS.*

[3] *preceded by* Annus *in MS.*

A.D.

tres filias suas. Consecratus fuit Thomas Wallensis Menevensis episcopus VIII. Kalendas
Augusti.]

1249. Annus ¹ MCCXLIX. ² Capta fuit Damieta a Lodo-
vico rege Franciæ.'

1250. Annus MCCL. ³ [Fractus fuit pons de Kay-
mardyn per oppressionem glaciei.]

1251. Annus ⁴ MCCLI. Gladus filia domini Lewelini
apud Windesour, Morgan filius Resi Magni
obiit.' ³ [Destructus fuit Lodovicus rex Franciæ in Terra Sancta et captus per paganos.]

1252. Annus ⁴ MCCLII. Lewelinus filius Gurwareth
tunc ballivus domini Henrici regis in terra,
quæ fuerat domini Maelgonis junioris, cepit
mandato regio prædam super viros de Elvael,
eo quod quasi hæreditario volebant uti pa-
sturis montium Elenyth.'

1253. ⁴ Annus MCCLIII. Illustris rex Angliæ dominus
Henricus filius Johannis cum magno exercitu
in Burgundiam circa principium Augusti
transfretavit, commendando regnum Angliæ
Edwardo filio suo et domino Ricardo fratri
suo comiti Cornubiæ et reginæ.'

1254. Annus ¹ MCCLIV. ³ [Lodovicus rex Franciæ a
Terra Sancta et] ⁵ Henricus rex Angliæ de
Gasconia in Angliam relicto ibidem dominio
Edwardo filio suo cum ingenti exercitu in
custodia illarum partium rediit.' ⁴ Guenllian

---

¹ *Not in C.*

²′ Lodovicus rex Francorum exivit
insulam Cypri versus Terram Sanctam cum magno navigio Christianorum XIV. Kalendas Junii, et applicuit cum navigio suo in Egyptum
in portu Damietæ vto Kalendas
Junii, et devictis per Dei gratiam
Sarracenis, civitatem illam cepit, *C.*

³ *C.*

⁴′ *Not in C.*

⁵′ Henricus rex Angliæ a partibus
rediit transmarinis. Et dedit rex
Henricus Edwardo filio suo primo-
genito Yberniam, Walliam, Vasconiam, et Bristollum, *C.*

filia domini Mailgonis obiit die Sanctæ Katerinæ. Eodem anno dictus Edwardus profectus est cum [1] Bonefacio archiepiscopo in
Hispaniam, et ibi desponsavit filiam regis
Hispaniæ, et factus est miles.'

1255. Annus [2] MCCLV. Obiit probus et robustus juvenis Mareduth filius Lewelini de Meronnyth,
relicto unico hærede filio de Guenllian filia
Mailgonis ; et post cito circa festum Sancti
Johannis Baptistæ, juvenis egregiæ probitatis
Resus filius Mailgonis, acta confessione, et
communicatis corpore Christi et sanguine,
sumptoque Cisterciensis ordinis habitu apud
Stratam Floridam, heu! fatis occubuit, cujus
corpus traditum fuit venerabiliter sepulturæ
in capitulo juxta sororem suam, lamentanti-
bus multis, merito plangentibus mortem ipsius,
quia vehementer sperabatur a multis et præ-
coniabatur quod ipse esset redempturus et
liberaturus magnam partem Walliæ a pri-
stino jugo captivitatis Anglicorum. Hisdem
vero diebus orta discordia suggestione diabo-
lica inter filios Grifini filii venerabilis me-
moriæ domini Lewelini quondam principis
Nortwalliæ, Owynum scilicet et David fratrem suum ex parte una, et Lewelinum ex
altera ; idem Lewelinus confidens in Domino
eorum indubitanter expectavit horribilem
cum magno exercitu adventum, et immobilis
stans cum suis ad prœliandum, infra unius
horæ spatium dictus Owynum et David
fratres suos, multis de suis interfectis et
captis necnon in fugam versis, forti manu et
bellica cepit, et eorum terras sine aliqua

[1]B. in MS. | [2] Not in C.

[1] difficultate saginavit. Non multum vero post, scilicet Sabbato proximo ante festum Sancte Michaelis, obiit Margeria tunc filia Maelgonis uxor Owini filii Mareduth de Kedeveyn, quæ apud Stratam Floridam juxta fratrem suum tradita fuit sepulturæ.' [2] Thomas dictus Walensis episcopus Menevensis obiit in Christo,' [3] [die Translationis Sancti Benedicti,[4] cui successit magister Ricardus de Karreu, theologus et philosophus optimus].

1256. Annus [5] MCCLVI. Quidam nobiles Walliæ viam universæ carnis ingressi sunt, videlicet Maredut filius Maudauc tunc dominus de Yal, et Owein filius Iorwerth de Elvael. Hoc anno accessit dominus Edwardus illustris regis Angliæ Henricus filius tunc comes Cestriæ circa Kalendas Augusti ad castra sua, videlicet de Digannoy et de Disserth videndum et terras. Quo recedente et facta visitatione, nobiles Walliæ indignati et suis spoliati libertatibus et honoribus, more Machabæorum, zelo justitiæ accensi elegerunt potius cum honore in bello pro libertate sua mori quam sic ab extraneis et indignis hostibus calcari, ad nobilem juvenem, videlicet Lewelinum filium Grifini filii Lewelini accesserunt, suam ei exponentes captivitatem, tribulationem, cum lachrymis et gemitibus. Quorum gemitibus et fletibus idem Lewelinus motus eorum exhortatione et consilio atque rogatu accessit ad terram de Pervewalt, et eam infra unam ebdo-

---

[1] diffultate, *MS.*

[2]' Thomas Wallensis Menevensis episcopus, *C.*

[3] *C.*

[4] obiit, *added in MS.*

[5]' Et incepit magna guerra in Wallia, *C.*

A.D.

madam præter duo castra, scilicet Degantro
et Dissert, viriliter occupavit, habens tunc
secum nobilem virum, videlicet Maredut filium
Resi Cryc per cavillationem Anglicorum, et
nepotis sui, scilicet Resi Vethan, et aliorum
quorundam suorum vicinorum de terra et
hæreditate sua ejectum, quorum nomina non
erant tunc in libro vitæ scripta. Quo tunc
prospere facto a dicto Lewelino, terram de
Meronnyth similiter occupavit, et die Lunæ
prima in Adventu Domini cum magno exercitu apud Lanpadarnvaur pernoctavit, quæ
erat in manu domini Edwardi, tunc die
Mercurii apud Morvamaur pernoctavit. Ibi
Maredut filius Oweyn ad dictum Lewelinum
accessit, et fidelitatem cum ipso firmavit, partem domini Edwardi de Keredigeaun Maredut
filio Owini cum terra de Buelt dedit, quam
tunc similiter in manu forti occupavit, restituendo prædictum Maredut filium Resi cum terra
sua et ejiciendo præfatum [1] Resum nepotem
suam e sua parte et illa dicto Maredut con-
ferendo jure hæreditario, nihil sibi ex omnibus
præter famam et meritum de prædictis con-
questibus retinendo. Quo sic facto terram de
Werthrene sibi tenuit eam afferendo Rogero
de Mortuo-mari, et sic ad propria post diem
Natalis Domini prospere rediit. Ricardus
comes frater regis electus est in imperatorem.'
[2] [Consecratus fuit Ricardus Menevensis episcopus apud Romam a domino papa.]

1257. Annus [3] MCCLVII. Post Epiphaniam Domini

---

[1] R. *in MS.*
[2] C.
[3'] Annus. Annus. Interfecti
fuerunt plures Anglici et Wallenses
partem Anglorum foventes apud

Kẽmereu in Estradtewy in vigilia
Sanctæ Trinitatis, ducibus ex parte
Anglorum domino Stephano Bau-
thun, ex parte Wallensium Maredut
filio Resi et Maredut filio Oweyn, C.

Lewelinus filius Grifini filii Guenonwin de Powis intravit, et in villa de Trallug sedens, et eam omnino combussit, ibique convocatis ad se in auxilium duobus baronibus de Swdwallia, Mareduth filio Resi Crych et Maredut filio Owini, ex alia vero parte Haffren juxta Mumgumbriam congregati fuerunt multi barones de Anglia, videlicet Johannes Stranges Grifinus filius Guenonwin, Mabalan et multi alii cum vexillo domini Edwardi et cum maximo armato exercitu. Per amnem vero Hafren prædictus exercitus Anglicorum pervenit, et in campo magno inter Hafren et Eberriw Anglici in acie belli steterunt. Walensibus vero Anglicos ad bellum paratos videntibus valde indignati sunt, et campum cum innumeralibus armatis intrantes, et Anglici viderunt exercitum Walensium fortem nimis campum viriliter et audacter occupantem, statim Anglici præ timore exterriti in fuga conversi sunt, et usque ad Mungumbriam otius fugerunt. In illis vero diebus, videlicet die Lunæ proxima post Purificationem Beatæ Mariæ, Stephanus Bauson, Nicholaus dominus de Kemeris, Patricius dominus de Kedwely, et dominus de Karriw, cum multis armatis militibus, portam Albæ domus fregerunt, abbatiam intrantes ibique pernoctantes et injuriam Deo et Beatæ Mariæ et omnibus Sanctis fecerunt, scilicet verberando monachos, spoliando conversos, secum ducentes omnes equos et omnia spolia totius abbatiæ præter spolia ecclesiæ, et in cimiterio servitores monachorum injuste occiderunt. Prædictus vero Lewelinus postea in proxima Quadragesima cum grandi exercitu ad terram de Kedweli et Karnwallaun et Gohir accessit, et

partem Anglicorum de prædictis terris et
Abertawy omnino combussit, omnes vero
Wallenses dictarum terrarum sibi subjugavit,
et ante Pascha cum gaudio ad propria re-
meavit. Item in his diebus quidam nobiles
viri de familia domini Lewelini filii Grifut
ante Dominicam in Ramis Palmarum villam
Mungumbriam, scilicet castellum Balwy viriliter combusserunt, et Baldewinum et [1] burgos
alios multos cum mulieribus et parvulis in
eadem villa igne et ferro occiderunt. In illis
diebus quidam nobiles de Kardigaun, videlicet
duo filii Eynaun et Wilim et duo filii Wilim
Goch apud Osterlone ab Anglicis de Kermerdin occisi sunt. Item Lewelinus ap Grufut
cum multitudine virorum fortium ante Pentecosten castellum Bodedon obsedit, et dimissis
castellanis cum armis suis libere et castello
tradito, illud soletenus combussit. Post non
multos dies, scilicet die Mercurii proxima post
Pentecosten, Stephanus Bauzon et multi barones cum multitudine fortium bellatorum
apud Kermerdin pernoctaverunt. In crastino
vero omnes incliti viri armati cum pluribus
equis loricatis et aliis instrumentis ad bella
paratis ad devastandum terram de Stratewy
iter arripuerunt, et non sine impedimento
usque ad Lanthelou Vaur pervenerunt, ibique
sine aliquo timore pernoctantes, et Wallenses de Keredigeaun et de Stratewy, scilicet Maredut filius Resi Crych et Maredut
filius Oweni cum omni posse eorum in
silvis et in nemoribus et in convallibus circa
Anglicos cum magnis clamoribus undique
fuerunt congregati. Et prædicti Walenses

---

[1] burges, *MS.*

per totam diem Veneris telis armorum et
sagittarum in eodem loco turmas Saxonum
invitaverunt et inquietaverunt. Ductor Anglicorum, scilicet Res filius Resi Michil die
Sabbati, videlicet in vigilia Sanctæ Trinitatis,
scilicet IV. Nonas Junii, eos in angustia et
in magno periculo reliquit, et ad castrum
suum, scilicet Dinonour, cum paucis de suis,
Anglicis rei eventum nescientibus, occulta
fugit. Anglici vero milites munimentis ferreis
nil formidantes se munierunt. Arma illa
non potuerunt eos tueri plusquam vestes
lineæ, quia in eis spem et eorum superbiam
posuerunt plusquam in Deo. Armati vero
milites inito consilio versus Kardigaun audacter iter arripientes, nilque timentes Walenses undique de silvis contra eos viriliter
dimicaverunt, et a prima hora diei usque ad
[1] meridiem de nemoribus contra Anglicos
pugnaverunt, et apud Coeth Llathen Anglici
omnia victualia, omnes caballos, arma et
necessaria eorum portantes, et omnes palefridos ibidem amiserunt ; et Wallenses propter
hoc læti fuerunt. Circa horam vero meridiei
ad Kemereu pugnando pervenientes et prædicti Walenses cum Dei auxilio inter armatos
Anglicos irruerunt, et de equis armatis in-
clitos Saxones viriliter prostraverunt, et eos
sub pedibus equitum, peditum, et equorum in
moris et in fossis et in vallibus conculcaverunt,
et plusquam tria millia Saxonum in illa die
occubuerant ; pauci vero aut nulli de armatis
militibus de illo bello evaserunt, et Walenses
cum magna victoria et spoliis et equis multis

---

[1] Meridem, *MS.*

loricatis et armis inimicorum, Deo gratias agentes, sani et incolumes ad propria redierunt. Dominica Sanctæ Trinitatis apud Goeriam de Anglicis CC. viri cecidèrunt sex viri minus et sex mulieres occisæ sunt. In his vero diebus quidam nobiles viri, scilicet Guin filius Madoc et viri de Arustli, villas juxta castel Baldewin per noctem combusserunt, et retro per diem cum præda magna usque juxta Gwrnegof pervenientes ibi fortes viri de castel Baldewin eis occurrerunt, et fuit inter eos pugna valida et tandem, Deo adjuvante, Walenses prævaluerunt et Anglicos in fuga verterunt. Eodem die de Anglicis CXXX. viri fortissimi de castel Baldewin ceciderunt. '

1258. Annus [1] MCCLVIII. Die Lunæ proxima post octavas Paschæ armati viri de Penbrok et de Ros magnam prædam summo mane acceperunt de Kenmeis, et duos optimates ibidem occiderunt, scilicet Wilim Techo et Henri Goeth. Homines vero de Kenmeis et de Plumauc cum clamoribus magnis circa Anglicos undique fuerunt congregati et viriliter contra eos pugnaverunt, tandem, Domino adjuvante, Walenses prævaluerunt, et ante Walenses Anglica terga verterunt, equos, arma, spolia, et multa cadavera mortuorum et prædam in illa die reliquerunt ; inter quos Henri Wingan constabularius de Erbert et filius Philippi de Brut cum innumerabilibus Anglicis in illo bello ceciderunt. Walenses cum gaudio et triumpho magno et cum multis captivis ad propria redierunt, gratias semper Deo de victoria agentes. Post non multum tempus

---

[1] *Not in C.*

Maredut filius Resi Crych homagium et fidelitatem domino regi fecit. Walenses propter
hoc valde irati fuerunt, et dominus Lewelinus
filius Grifut et omnes Sudwalenses cum magno
exercitu ad terram prædicti Maredut de Stratewy accesserunt, et eam omnino præter castra
ejus sibi subjugaverunt. Postea apud Kedweli
Walenses castrametati sunt, domos et villas
præter castrum Kedweli combusserunt dominus
Maredut et dominus Patric cum multis armatis Anglicis de Kermerdin in Walensibus
subito irruerunt et pugna valida inter eos
fuit; et de Walensibus et de Anglicis quidam fuerunt vulnerati, quidam occisi, et
dominus Maredut juxta pontem vulnere pes-
simo fuit vulneratus. Tandem Walensibus
prævalentibus, et relictis ibidem corporibus
Anglicorum, Maredut et Anglici ad villam
Kermerdin cum magno dedecore fugerunt.
Inter mortuos vir nobilis de Arustly David
ap Howel cecidit et apud Stratam Floridam
cum magno planctu sepulturæ traditur.
Eodem anno circa Nativitatem Beati Johannis Baptistæ magna fuit discordia inter
Anglicos et Francos in regno Angliæ, et
Anglici per consilium comitum, baronum, et
optimatum totius regni omnes Francos de
finibus et terminis eorum expulerunt. De
optimatibus vero et divitibus Angliæ de veneno
ex parte Francorum facto multi Anglici perierunt. Præterea David filius Grifini juvenis
in armis splendidissimus et in equo fortis-
simus cum paucis de Nortwallia, et Maredut
filius Owein et Ris Bethan cum magno
exercitu per duos dies Maynour castrametati
fuerunt, et tertia nocte, scilicet die Mercurii
proxima ante Nativitatem Beatæ Mariæ,

castra sua juxta Kilgerran posuerunt. Illo die dominus Maredut filius Resi Crich et dominus Patric senescallus domini regis cum omnibus armatis viris de Kedeweli, de Kermerdin, de Pembrok, de Ros, et de Kemeis apud Aberteiui cum magna superbia fuerunt congregati. Post horam vero nonam Anglici de Aberteivi per acies suas usque Kilgerran pervenerunt, et juxta villam Kilgerran Anglici et Walenses fortiter et crudeliter pugnaverunt. Tandem Walenses Dei auxilio prævaluerunt, et Anglicos in fugam verterunt, et cadavera mortuorum cum equis armatis ibidem reliquerunt. In illa hora [1] dominus Patric Walterus Malifant, miles fortis et strenuus de Pembroc, et alii milites nuper de Anglia venientes, turpissima morte corruerunt. Maredut cum Anglicis ad castellum Kilgerran vix evasit, qui per infidelitatem suam totam Walliam perturbavit. In Anglia constituti sunt xii. pares.'

1259. Annus [2]MCCLIX. Dominus Lewelinus filius Grifini consilium habuit cum nobilioribus Walliæ apud Arustily, et ibi [3]die Mercurii proxima ante Pentecosten convictus fuit dominus Maredut filius Ris de infidelitate, et a dicto domino Lewelino tentus, qui in carcere fuit apud Crukeid usque ad Natale Domini proximum, et tunc liberatus recipiendo ab ipso primogenitum in obsidem, et duo castella sua Dinewour et Castelh Nowid, cum duabus provinciis eis adjacentibus. Eodem anno circa festum Sancti Hillarii

---

[1]' Dominus Patricius de Chaurs et dominus Walterus Malenfaunt interfecti fuerunt apud Kilgarran in autumpno, *C.*

[2]' *Not in C.*

[3] de *in MS.*

idem dominus Lewelinus cum magno exercitu accessit ad provinciam de Buelth, quam dominus Maredut filius Owini eidem domino Lewelino concessit. Qui statim omnes dispersos ejusdem provinciæ revocavit, et lætos ac hilares sub sua protectione dimisit. Tendens inde usque ad villam de Dinbric in Deved eandem destruens et multa spolia capiens, qui habuit in exercitu suo ibidem CCXL. equos loricatos cum jumentis nudis et pedestri incomparabili multitudine.'

1260. Annus MCCLX. In die Sancti Georgii Martyris combusta est villa de Trefetland a dominis de Keri et de Kedewic. Eodem anno, die Sancti Kenelmi Martyris, tres vigiles Anglici natione qui custodiebant castellum de Buelth tradiderunt hominibus illud domini Lewelini filii Grifini circa finem noctis pro magna summa pecuniæ, et hoc fuit propter odium infernale quod dicti vigiles habebant erga notarium ejusdem castelli qui erat Anglicus. Quo audito et divulgato, statim Resus Bethan cum suo exercitu et omnes nobiles et bene in armis valentes fere totius Sudwalliæ venerunt, et statim unanimi et communi consilio, quicquid cremabile erat in illo castello igni tradiderunt, lapides vero solotenus destruxerunt, ita quod in brevi lapis super lapidem ibidem non possit reperiri. Venit etiam tunc dominus Owinus filius Maredut cum suis omnibus fidelibus et subjectis ad pacem et fidelitatem domini Lewelini, qui statim Madocum filium dicti Owini de carcere liberavit, et liberum tradidit, et centum tres libras eidem donavit.

---

¹ *Not in C.*

Eodem etiam anno circa Kalendas Augusti
jurata sunt treugæ per duos annos inter
dominum regem et regnum ex una parte et
dominum Lewelinum et suos ex altera parte.
Ita quod sine transgressione treugarum liceat
eidem Lewelino defendere se et sua contra
omnes nolentes literas treugas tenere vel
firmas habere. Eodem anno dominus Edwardus primogenitus Henrici regis perrexit
ad transmarinas partes cum flore juventutis
totius regni, ubi tenuit torneaméntum contra
Gallos, qui unanimiter convenerunt et dictum dominum Edwardum cum suis de campo
virtute dissimili ire propulerunt, et omnes
quos habebant generosos sonipedes cum rebus
aliis dicti Galli sibi vendicaverunt, et hoc
semel et bis et iterum. Idem vero dominus
Edwardus rediit in Angliam, et invenit
patrem suum in Alba Turre Londoniæ, ti-
muerat enim sibi a XII. paribus equorum
providentiæ commiserat regnum gubernan-
dum, et hoc eum valde pœnituerat. Item
eodem anno Tartari occupaverunt Ierosolimi-
tanum regnum, destructis omnibus regnis
Orientis et interfectis omnibus Saracenis,
venerunt etiam usque ad fines Romani
imperii, quorum timor occupaverat omnem
Christianitatem.' ¹[Interfecti fuerunt plures
Walenses apud Lanhuadeyn in vigilia Beati
Laurentii. Et fugati fuerunt Franci de Anglia.]

1261. Annus ²MCCLXI. In octavis Beatæ Mariæ,
scilicet Nativitatis, obiit Grifinus abbas de
Cumhir.'

1262. Annus ²MCCLXII. In æstate flos militum An-

---

gliæ Gilbertus comes de Clare veneno interiit apud Doroberniam. Eodem anno in
vigilia Sancti Andreæ Apostoli per indu-
striam hominum de Maelenit captum deva-
statum fuit castellum de Kevenellis. Eodem
etiam die captum fuit castellum de Bledvach,
et destructum. Tunc dominus Rogerus et
Humfrei de Bun Junior cum flore juventutis
totius Marchiæ intraverunt ruinos muros de
Kevenlis cum magno apparatu molientes re-
staurare fracturas murorum. Quod audiens
dominus Lewelinus filius Grifini princeps
Walliæ conducens secum omnes nobiliores
Walliæ accessit ad eos et circumspecta obsidione vallavit ipsos quousque fame et inedia
ducti petierunt sibi cum armis tamen inermes
licentiam recedendi, quod pius princeps pietate
ductus concedens factum est. Autem cum
essent Owein filius Madoc et pars exercitus
ceperunt castrum de Conoclas in vigilia Sancti
Thomæ Apostoli non vi aut bello sed castren-
ses metu præteriti reddiderunt se cum castro
præ timore machinarum; ceperunt etiam castellum de Trefeclaud de Nortun et de Llanon-
dras.' [1][Magna fuit discordia inter dominum
Eadwardum filium Henrici regis Angliæ
primogenitum et barones Angliæ. Et Lewelinus princeps Nortwalliæ tenuit se ex parte
baronum.]

1263.   Annus [2]MCCLXIII. Quinto Kalendarum Maii
apud Clunow interfecti fuerunt ad minus centum viri, inter quos cecidit Lewelinus filius
Maredut flos juventutis totius Walliæ. Erat
enim strenuus et fortis in armis, largus in
donis, et in consiliis dandis providus, et

---

[1] C. | [2] *Not in C.*

omnibus amabilis. Eodem anno in æstate coadunati sunt omnes comites et barones fere omnes cum domino Lewelino principe contra Edwardum, et ceperunt omnia castella et universas civitates totius Angliæ excepto castello de Wyndelesor. Et dominus Lewelinus cum magno exercitu et apparatu accessit ad castrum de Disserth circa Kalendas Augusti, et illud bello cepit et statim solotenus destruxit, ita ut non ibi lapis super lapidem in brevi inveniretur. Cepit etiam die Sancti Michaelis castellum de Diganwy in regno fortissimum, prout vulgariter dicebatur, non vi aut bello sed castellani acerrima acerbitate et amaritudine famis afflicti consilium inierunt cum dicto principe de vita sibi servanda, se ipsos cum castro eidem dantes. In tantum enim afflixerat eos famis acerbitas quod oportuit eos inedia ducti famem extinguere carnibus equorum et etiam canum suorum, ut fidem domino regi servarent illæsam, quod si pro rege cœlesti facerent mercedem meruissent habere æternam. Eadem etiam æstate venit dominus Grifinus filius Wennonwen ad pacem domini Lewilini faciens ei homagium humiliter genuflexo. Qui restituit omnes terras suas quas idem princeps antea occupaverat. Idem vero Grifinus assumens secum omnes viros et ballivos de Powis castrum de Weidgrut debellavit, cepit, et solo adæquavit. In finem vero ipsius anni venerunt plures barones sibi coadunatis ad dominum Lewelinum et castellum de Redenor ceperunt, et solotenus cum tota villa destruxerunt. Dominus vero Edwardus cum magno exercitu accessit ad castella de Huntintun et Haia cum villulis adjacentibus cepit, et domino Rogero de

A.D.

Mortuo Mari ad custodiendum tradidit. Eodem anno occisi sunt multi Judæorum usque ad DCC. et amplius et reliqui spoliati.'

1264. Annus [1]MCCLXIV. Orta fuit dissensio inter Cistercienses et Claravallenses, quæ tamen in curia Romana terminabatur et [2] dusciebatur.' [3][Captus fuit Henricus rex Angliæ et Eadwardus filius ejus primogenitus in bello apud Lewes, et rex Alemaniæ Ricardus frater regis Henrici et alii plures barones.   Et multi Londonienses fuerunt interfecti.]

1265. Annus [1] MCCLXV.   Idus Junii Edwardus filius regis Henrici evasit de custodia comitis Leicestriæ ab Harford apud Wigomore, venitque ad G. de Clare comitem Gloucestriæ apud Lodolow.   Dictus comes Leicestriæ villam cepit, et castrum de Mori et castrum de Usg et castrum et pontem de Novo Burgo fregit.' [3][Visa fuit stella cometa in Francia.   Et duxit rex Lodouicus, suggestione fratris sui Caroli regis Ciciliæ, exercitum in Arabiam.][4]

1266. Annus [1]MCCLXVI.   J. de Hexvil et alii exhæredati intraverunt et ceperunt insulam de Ely. Eodem anno per consilium et assensum regis adjudicati sunt terris suis omnibus exhæredati, ita videlicet quod extenderentur terræ eorum et secundum valorem terrarum facerent reddere portionem suam, alii per quinquennium, alii per IV. annos, alii per triennium, alii per biennium, alii per annum, secundum quod majus vel minus deliquerunt.'   [3][Lodovicus rex Franciæ apud Tunes in Arabia obiit, et plures nobiles Franciæ.]

---

[1]' Not in C.
[2] Sic MS.
[3] C.

[4] Prœlium apud Euesham pridie Nonas Augusti, inserted in margin in another hand.

A.D.

1267. Annus [1]MCCLXVII. Sexto Idu Martii G. comes
        Gloverniæ cum magno exercitu per cautelam
        intravit in civitatem Londoniæ, domino Oto
        legato existenti in turri Londoniæ, ubi tenuit
        comes Pasetra suum contra voluntatem regis.
        Cum autem dominus rex hoc intellexisset
        duxit exercitum suum Londonias, et apud
        Stratford fixit tentoria sua, ubi moram fecit
        per x. septimanas. Unde ibidem de pace
        reformanda multum elaboratum est, ita quod
        quodammodo pax est reformata et multi de
        exhæredatis versus dominum regem pacificati
        sunt.'

1268. Annus [1]MCCLXVIII. Oto legatus celebravit con-
        cilium suum Londoniæ, et IV. Id. Julii iter
        arripuit repatriandi.'

1269. Annus [2]MCCLXIX.

1270. Annus [1]MCCLXX. Obiit Resus filius domini Ma-
        reduti, cujus corpus cum fletibus multis sepul-
        turæ traditur.'

1271. Annus [1]MCCLXXI. Obiit Johannes filius Ed-
        wardi primogenitus, qui in custodia domini
        regis Alemanniæ existebat, et sepultus est
        apud Westmonasterium.' [3][Ricardus de Car-
        reu episcopus Menevensis ivit in Franciam in
        continenti post Pascha, et perhendinavit apud
        Rungy prope civitatem Parysiensem. [4]Rediit
        Ricardus episcopus in Walliam circa Ascen-
        sionem Domini.]

1272. Annus [2]MCCLXXII. [5]Obiit Henricus rex Angliæ
        anno regni sui lvii.' [3][Cui Edwardus filius
        suus successit.]

---

[1]' Not in C.
[2] Not in C.

[4] preceded by Annus in C.
[5]' Henricus rex Angliæ obiit, C.

A.D.

1273. Annus [1]MCCLXXIII.   Obiit dominus Maredutus
      filius Resi.'   [2][Celebratum fuit concilium ge-
      nerale apud Lugdunum sub Gregorio papa x°
      circa festum Nativitatis Beati Johannis Ba-
      ptistæ.   Et fuit ibi statutum de decima
      omnium proventuum ecclesiasticorum reddenda
      per sex annos sequentes in subsidium Terræ
      Sanctæ, et etiam commendæ perpetuæ revo-
      catæ, et plura alia statuta restrictiva et pe-
      nalia fuerunt ibidem edita.   Magister Johan-
      nes de Fekeham archidiaconus Brechoniæ
      obiit, cui successit magister Henricus de
      villa Amloff.]

1274. Annus [3]MCCLXXIV.   [4]Dominus Edwardus post
      obitum patris sui de Francia circa Kalendas
      Augusti ad Angliam profectus est, et ibi
      honorifice cum magno tripudio susceptus, et
      ad Londoniam ductus et apud Westmonaste-
      rium coronatus.'   [1]Item eodem anno domi-
      nus Grifinus filius Wennunwen Powisiæ
      dominus totam terram suam reliquit, qui
      Angliam profectus est a rege Edwardo be-
      nigne commendatus.   Et hoc propter perse-
      cutionem Nortwalensium relinquens filium
      suum Owinum penes principem Lewelinum
      in custodia liberali.'   [2][Inceptum fuit fere-
      trum Beati David in ecclesia Menevensi.]

1275. Annus [1]MCCLXXV.   Statuit rex in suo primo
      parliamento post coronationem suam multa
      statuta apud Westmonasterium.'   [2][Incepit
      gwerra in Westwallia inter homines de Estra-
      tewy et de Cadwely, et interfectus fuit do-
      minus Herveus de Chaurs in [5]autumno.]

[1'] Not in C.
[2] C.
[3] Not in C.

[4'] Coronatus est Edwardus rex
Angliæ, *under the preceding year in C*
[5] autumpno, *MS.*

A.D.

1276. Annus [1] MCCLXXVI. [2] Venit illustris rex Angliæ dominus Edwardus cum magno exercitu ad Nortwalliam, et apud Rutlan castra metatus est, ibique per aliquot dies moratus est. Deinde venit ad eum dictus Lewelinus princeps Norwalliæ et ibidem confœderati sunt, et pax inter eos formata est. Postea vero dominus Edwardus rex cum suis Angliam petiit, et ædificatum est castellum apud Llan Padarn super mare a domino Eadmundo Henrici regis filio.'

1277. [3] [Annus. Duxit Leuuelinus princeps Nortwalliæ filiam comitis Symonis de Monte forti. Magister Henricus de villa Amlof archidiaconus Brechoniæ obiit; cui successit magister Adam Bareth thesaurarius Menevensis, cui Adæ successit in thesauraria Robertus de Haverfordia rector ecclesiæ de Lanvenyth, et fuit installatus VIII°. Idus Septembris.

1278. Annus. Facta fuit nova moneta, veteri propter ejus diminutionem destructa, regnante Eadwardo rege Angliæ.

1279. Annus. Ricardus de Carreu episcopus Menevensis Kalendas Aprilis obiit, et sepultus est in ecclesia Menevensi prope altare Sanctæ Crucis a parte australi die Beati Ambrosii. Electus fuit magister Thomas Beke III. Nonas Junii, et confirmatus pridie Nonas Julii per Johannem de Pecham de

---

[1] *Not in C.*

[2]' Venit Eadwardus rex Angliæ in manu forti in Northwalliam ad gwerrandum contra Lewelinum filium Grifud principem Northwalliæ in æstate, et Eadmundus frater ejus venit in Westwalliam, et incepit construere castrum apud Lanpadarnvaur, et dominus rex incepit construere castrum apud Rudlan, et venit dictus Eadmundus apud Sanctum David causa peregrinationis. Et concordes facti sunt rex et princeps in octavis Beati Martini hyemalibus. *C.*

[3] *C.*

ordine Minorum in abbatia de Stanlowe prope Cestriam, et consecratus pridie Nonas Octobris apud Lyncoloniam. Electus est magister Petrus de Oxonia archidiaconus Menevensis in episcopum Exoniensem, cui successit in archidiaconatu Robertus thesaurarius Menevensis ; cui Roberto successit in thesauraria Willelmus de Burrethe canonicus Menevensis. Concessa fuit regi quintadecima proventuum ecclesiasticorum ad subsidium in regno Angliæ per triennium.]

1280.   [1]Annus [2]MCCLXXX. Lewelinus filius Grifini occisus est ab Anglis fraude suorum. Edwardus rex totam Snoudoniam subjugavit. Castrum Aberconwi ædificatum est.' [3][Celebratum fuit concilium provinciale apud Lambhethe Londoniis sub fratre Johanne de Pecham archiepiscopo Cantuariensi Nonas Octobris, convocato ad hoc clero totius provinciæ, et statuta plura edita et publicata penalia tamen, magna morina ovium fuit quæ incepit in anno præcedenti.

1282.   Annus. Destructum fuit castrum regis apud Lampadarnvaur, et captum castrum de Lanamdeuery et castrum de Carregkennen per David filium Grifud fratrem Lewelini principis Northwalliæ, Resum Vechan filium Resi filii Mailgonis, Griffinum et Cananum filios Maredut filii Owein, Griffinum et Lewelinum filios Resi Vechan dominos Deyskennen, in crastino Annunciationis Dominicæ. Et interfectus fuit Willelmus de Valenciis junior hæres Penbrochiæ in Estratewy XVI. Kalendas Julii. Willelmus de Burreche thesau-

---

[1] Huc usque v . . . mī nos . . .   [2]'Not in C.
tus sū per . . . in margin.   [3] C.

A.D.

rarius Menevensis obiit IV^{to} Kalendas Aprilis, cui successit Johannes de Barry. Lewelinus princeps Northwalliæ interfectus fuit in bello prope Lanueyr in Buelth, III° Idus Decembris.[1] Cui uxor sua filia comitis Symonis æstate precedente peperit filiam et in pariendo mortua est. Quæ filia postea per regem Edwardum congnatum matris suæ una cum nutrice sua capta missa est in Angliam nutrienda. Magna morina hominum.]

1283. Annus [2]MCCLXXIII. [3]David cum duobus filiis uxore et filiabus capti sunt fraude nepotum,' [circa festum Nativitatis Beati Johannis Baptistæ, et incarceratus, et in crastino Beati Michaelis sequentis apud Slopesburiam distractus et suspensus ; et in IV^{or} partes divisus, capite amputato, quod ad Londonias portatum fuit, et ibi in alta turri fixum una cum capite Lewelini fratris sui.' Quarteria vero ejus fuerunt suspensa, unum apud Slopesburiam, aliud apud Lincolniam, tertium apud Bristollum ubi filii sui duo in carcere tenebantur, quartum apud Wyntoniam. Tenti autem fuerunt Griffut et Canan filii Maredut, Resus Parvus filius Res, filii Mailgonis, Griffut et Leuuelin filii Res Vechan, Howel filius Res frater Maredut filii Res et omnes incarcerati apud Londonias. Resus filius Maredut dominus de Estratewy tenuit cum domino rege, quapropter terras suas tenuit et ampliores ex dono domini regis accepit, omnibus aliis a suis terris exhæredatis. Maredut filius Gurwared archi-

---

[1] A° Domini MCCLXXXII *added in a later hand.*

[2] *Not in C.*

[3]' Captus fuit David frater Lewelini principis Northwalliæ per dolum suorum, *C.*

diaconus de Karmardyn obiit; cui successit magister Johannes de Alderby. Ecclesia de Langadauc facta est collegiata.

1284. Annus.[1] Visitavit Johannes de Pecham archiepiscopus Cantuariensis diœceses Menevensis, Landauensis, Bangorensis, Asaphensis. Incepit autem visitare ecclesia Menevensis VIº Idus Julii. Eodem anno reædificavit rex Eadwardus castrum de Lanpadarnvawr. Et incepit ædificare castrum apud Aberconoe, et fecit munitiones apud Bangor et apud Rayrarvon. Et venit dictus rex causa peregrinationis apud Sanctum David una cum domina regina Angliæ nomine Elianora die Dominica in crastino Beatæ Katerinæ Virginis. Et mensuræ bladi et vini et cæterorum liquorum et pondera redacta fuerunt ad instar mensurarum et ponderum civitatis Londoniensis. Villa Hauerfordia recuperavit libertates suas coram justiciariis domini regis apud Hauerfordiam pro tribunali sedentibus, quibus dominus Willelmus de Valencia comes Penbrochiæ ipsam villam diu spoliaverat et detinuerat spoliatam. Obiit Martinus papa; successit Honorius.

1285. Annus. Philippus rex Franciæ filius Lodovici regis mortuus est mense Octobri, et pars magna exercitus ejus in Arragonia in Yspania; cui successit filius suus Phylippus in regnum Franciæ (cui primum nomen Edwardus, sed in coronatione mutatum,) et coronatus fuit in festo Epiphaniæ proximo sequenti.]

---

[1] Millesimo CCºLXXXIIIº *added in a later hand.*

A.D.

1286. Annus MCCLXXVI. [1] Combustio domorum apud
　　Stratam Floridam.' [2] In crastino Annunciati-
　　onis Dominicæ concessum fuit subsidium
　　magnum Thomæ Becke episcopo Menevensi
　　de tota diœcesi sua ad expediendum quædam
　　negotia tangentia clerum erga magistrum
　　Giffridum nuncium domini papæ in regno
　　Angliæ. Eadwardus rex Angliæ transfretavit
　　in Franciam, et fuit nobilissime Parysius a
　　rege Philippo filio Philippi congnati sui, et
　　inde ivit in Vasconiam et intravit Burdegal
　　civitatem, et ibi plures Burgenses sibi con-
　　trarios morti tradi fecit, et perhendinavit in
　　partibus illis usque ad [3]

1287. Annus. [4] Domini MCCLXXXVII.' Resus filius Ma-
　　redut dominus de Estratewy mota discordia
　　inter ipsum et dominum Robertum Tybetot
　　tunc justiciarium regis de Karmardyn die
　　Dominica proxima ante festum Beati Bar-
　　nabæ Apostoli cepit castra de Lanamdevery
　　de Dynewr, et de Carregkennen, et postea
　　combussit villam de Sweynese et manerium
　　de Osterlof, cum majori parte patriæ et
　　villam de Lanpadarnvaur et villam de
　　Karmardyn usque ad portas. Advenientes
　　autem Anglici de Anglia in forti manu ca-
　　strum ipsius Resi de Deresloyn obsederunt
　　circa gulam Augusti, et tandem muros sub-
　　fodiendo castrum ceperunt, in qua sub-
　　fossione oppressus est sub muro dominus
　　Willelmus de Montthenesy baro cum aliis
　　pluribus, et captum est castrum novum

---

[1] Not in C. Opposite to this entry
in the margin in B. is written non
iveñ pᵉ. i.e. non inveniuntur plura.
B. ends here.

[2] C.
[3] Sic MS.
[4] Written over the line, apparently
in another hand.

super Teyui et recuperata castra per Resum prius occupata, et evasit Resus cum paucis, omnibus hominibus suis ad pacem regis venientibus. Die Dominica in crastino Omnium Sanctorum de nocte recuperavit Resus castrum suum, quod dicitur Novum Castrum, capto Rogero de Mortuo Mari ipsius castri custode, circa Purificationem proximo sequentem cepit dominus Robertus Typetot idem castrum, pluribus ex ipsius custodibus necatis. Eodem anno die Jovis sero XIII. Kalendas Julii luna in principio noctis visa est rubigda intense, et postea eodem colore durante ; diminuta est quasi ad instar minimæ stellæ, et sic decrescendo in fine quasi evanuit. Eodem anno XVª die Martii fuit terræmotus.

1288. Annus MCCLXXXVIII. Secundo die Aprilis hora nona facta est eclypsis solis in superiori parte solis ut videbatur intrans substantiam solis, ita quod quasi videbatur sol habere duo cornua sursum elevata, et duravit sic usque ad horam vesperarum.

GLOSSARY.

H

GLOSSARY.

It is to be observed that several of the words explained in the Glossary are to be found in other parts of the Volume besides the pages referred to.

A.

ABBAS. (Chald., a father.) An abbot. Before the dissolution of the monasteries in the reign of Henry VIII., he was the spiritual lord or governor who had the rule and government of such religious house. *Cowell. Blount.*

"Cudberth *abbas* moritur." 10.

ABBATIA. A society of religious persons having an abbot or abbess to preside over them; an abbey.

"Kalendis Julii fundata est *abbatia* de Trinitate." 34.

ABER. W. The fall of a lesser water into a greater; as of a brook into a river, of a river into a lake or sea.

"Bellum geritur apud castellum *Aber* Ystoit." 30.

ABSOLUTIO. A release from excommunication; absolution. 73.

ADVENTUS DOMINI. The Advent of our Lord, which begins on the Sunday nearest to St. Andrew, whether before or after, and continues to Christmas eve. 91.

ADVOCATA. An advocate; patroness.

"Qui a Beata Maria ejusdem ordinis *advocata* amonitus ab hac actione quievit." 63.

ALT (Allt). W. A cliff; the side of a hill. Alt-clut. 14.

ANNULUS. The ring used in the ceremony of investiture. 34. *See* BACULUS.

ANNUNCIATIO DOMINICA. The Annunciation of our Lady, March 25. 106.

ARCHA. A chest; a shrine.

"*Archa* Sancti David ab ecclesia sua furata est." 28, 29.

ARCHIDIACONUS (ἀρχιδιάκονος). An ecclesiastical officer that hath jurisdiction immediately subordinate to the bishop throughout the whole of his diocese, or in some particular part of it. 1 *Bl. Com.* 383. The first among deacons; an archdeacon.

"Kedivor *archidiaconus* de Ceredigeaun obiit." 49.

ARCHIEPISCOPUS (ἀρχιεπίσκοπος). An archbishop. He is the chief of the clergy in his province, and is that spiritual and secular person who hath supreme power under the king in all ecclesiastical causes. 1 *Bl. Com.* 379.

"Elbodg *archiepiscopus* Guenedote regione migravit ad Dominum." 11.

ARX. A tower ; a castle.

"*Arx* Deganhui a Saxonibus destruitur." 12.

"Castell Deganwy." *Brut.*

ASCENSIO DOMINI. Ascension day: the 40th day after Easter. 103.

AVERIA. Cattle. *Spelman.*

"Vix pacificatus Lewelin xxx. obsides regi dedit, et, ut perhibent, vii. millia *averia* cum equis pluribus et canibus et avibus promisit." 67.

B.

BACULUS. A pastoral staff; the staff given at the ceremony of investiture. Bagl. W.

"Rex concessit ut nunquam per donationem *baculi* pastoralis vel annuli quisquam de episcopatu vel abbatia per regem vel quamlibet laicam manum in Angliam investiretur." 34.

BALISTA. A warlike engine to shoot darts or stones ; a cross-bow.

"Ricardus rex Anglorum in quadam expeditione apud Lymoses ictu *balistæ* percussus diem clausit supremum." 62.

BALLIVUS. A bailiff. According to Sir Edward Coke, bailiff is an old Saxon word, which signifies a keeper or protector ; and though there are several officers called bailiffs, whose offices and employments seem quite different, yet something of keeping or protection belongs to them all. *Co. Litt.* 61. b. *Bac. Abr.* 361. Hence the sheriff is considered as *bailiff* to the Crown ; and his county of which he hath the care, and in which he is to execute the king's writs, is called his *bailiwick;* and the officers who by his precepts execute writs and other process are called his *bailiffs. Ibid.* There are likewise *bailiffs* of liberties, who are officers under lords who have franchises exempt from the jurisdiction of the sheriff. *Ibid.* There are likewise *bailiffs* of lords of manors, who collect their rents, and levy their fines and amerciaments. *Ibid.* Also he is called a *bailiff* who hath the administration or charge of lands, goods, or chattels, to make the best benefit for the owner, against whom an action of account lies for the profits which he hath raised or made, or might by his industry and care reasonably have made, his reasonable charges and expenses deducted. *Ibid.* There are likewise those termed *bailiffs* to whom the king's castles are committed, as the *bailiff* of Dover Castle. *Ibid.* The chief magistrates in diverse ancient corporations are also called *bailiffs. Ibid.* There are also *bailiffs* of the forest. *Manwood,* part I. p. 113.

"Pro qua re *ballivi* et burgenses de Kermerdin villam suam combusserunt." 71.

BARO. A degree of nobility next to a viscount, but in point of antiquity the highest. 1 *Bl. Com.* 398.

"*Barones* qui homagium fecerunt Lodowico interfecti sunt." 73.

BASTARD (Bastardd, W., *i.e.* base-born). A bastard. " Willelmus Bastard," William the Bastard. 25.

BETHAN (Bychan). W. Little.
"Walterus Clifford dominus Cantref *Bethan.*" 48.

BLADUM. A blade of corn.
"Mensuræ *bladi* et vini et cæterorum liquorum et pondera redacta fuerunt ad instar mensurarum et ponderum civitatis Londoniensis." 108.

BLAEN. W. A point ; the extremity. "Blanelleoni," *i.e.*, Blaen Llyvni, the extreme end of the Llyvni. 79.

BRIN (Bryn), W. A hill.
" Cat *Brin* Onnen." 14.

BURGENSES (Burgarii). " *Burgarii* etiam et *Burgenses* sunt Burgorum, villarumque munitarum habitatores. *Burgenses* alias dicti sunt ipsi civitatum incolæ." See *Spel. Gloss.* Burgesses.
" *Burgenses* Wisefordiæ Robertum filium Stephani, scilicet eorum dominum, interfectis omnibus fere suis, et castello ejus destructo, vinculis mancipari fecerunt." 53.

BURGI. Burgesses.
"Baldewinum et *burgos* alios multos cum mulieribus et parvulis'in eadem villa igne et ferro occiderunt." 93.

C.

CABALLUS. A horse, a jade. 94.

CAIR = CAYR. Cair Legion. 6.

CAM. W. Crooked. " Morgan Cam," Morgan the Crooked. 86.

CAMPESTRIA. Plains, or champaign country.
" Henricus rex Angliæ, Norwalliam ditioni suæ volens exercitum ad *campestria* Cestriæ duxit." 46.

CANDIDATUS. One who stands or seeks for any office ; a candidate —so called because among the Romans he was dressed in white.
"Factum est scisma in ecclesia Romana, Alexandro et Victorio *candidatis.*" 48.

CANONICUS (κανονικός). According to rule ; canonical.
"Constitutus est ordo *Canonicorum* in ecclesia Sanctæ Mariæ de Suwerke." 34.

CANTREF (Cant tref). W. Cantred ; a hundred of a shire ; a district consisting originally of a hundred villages. 47.

CAPITULUM. Chapter-house.
"Juxta fratrem suum Resum in *capitulo* monachorum extat tumulatus." 81.

CAPTIO. A taking ; capture.
"Franci de Penbroc prædicti oppidi *captionem* dolentes." 58.

CARN. W. A cairne.
"Bellum montis *Carn.*" 27.

CARREC (Carreg). W. A stone.
"Castellum *Carrec.*" 52.

CARTA. A deed of gift ; a charter. 61.

CASTELH = CASTELL.

CASTELL. W. A castle.
"Oweyn et Cadwalader filii Grifut combusserunt *castell* Estrat Meuric." 40.

CASTELLANUS. The lord, owner, or captain of a castle ; guardian of a castle ; a castellain.
" *Castellani* acerrima acerbitate et amaritudine famis afflicti consilium inierunt cum dicto principe." 101.

CASTELLUM (Castell). W. A castle.
" Franci primitus Demetiam et Keredigean tenuerunt, et *castella* in eis locaverunt." 29.

CASTRUM. A fortress. A place fortified by walls, larger than a *castellum*, less than an *oppidum*.
"Et castella eorum in Noruuallia diruunt, *castra* Francorum in Keredigaun et Dyuet." 29.

116 GLOSSARY.

CAT (Cad). W. A battle.
"*Cat* Pencon apud dextrales Britones." 9.

CATHEDRA (καθέδρα). The church of the bishop ; the mother church of the diocese ; a cathedral. 77.

CAUTELA. Prudence ; caution ; circumspection.
"G. comes Gloverniæ cum magno exercitu per *cautelam* intravit in civitatem Londoniæ." 103.

CAYR (Caer). W. A city ; a walled or fortified town ; the wall of a city, or any other place of defence.
"Thomas archiepiscopus Eboraci, id est *Cayr* Ebrauc, moritur." 32.

CELLI. W. A grove of hazle-trees. "Celli Darnauc." 30.

CEMRO (Cymro). W. A Welshman.
"Bellum Maismain *Cemro*." 36.

CIVITAS. A city. It now usually means an incorporated town, which is or hath been the see of a bishop ; Westminster, though the bishopric has been dissolved, still remains a city. *Co. Litt.* 109. 1 *Bl. Com.* 115. 56.

CLERICUS. In the most general signification of the word, one that belongs to the holy ministry of the church, and is said to be properly a minister or priest in holy orders ; a clerk, a clergyman.
"Resus filius Grifini circa Kalendas Novembris castellum Abertewy dolo Rigewarc *clerici* cepit." 50.

CLERUS. The order of clergymen ; the clergy. 41.

CLUT (Clwyd). W. A hurdle. "Strat Clut," Strath Clyde.
"Et Strat *Clut* vastata es a Saxonibus." 18.

CLUT (Clyd). W. Sheltering. "Eynaun Clut." 52.

COCH. W. Red. "Iorwerth Choch." Iorwerth the Red. 50.

CŒNOBIUM (κοινόβιον). A convent.
"Percussio Demeticæ regionis, quando *cœnobium* David incensum est." 7.

COETH (Coed). W. Wood. "Coeth Llathen." 74.

COLLECTANEI. Companions. Cedymdeithon. *Brut.*
"Per *collectaneos* et familiares suos de Wigonia liberatus nocte evasit." 49.

COLLEGIATUS. Collegiate.
"Ecclesia de Langadauc facta est *collegiata.*" 108.

COMES. A count ; an earl. 32.

COMETA. A comet. 102.

COMETES, COMETA (κομήτης). A comet. 56.

COMMENDA, est custodia ecclesiæ alicui commissa. *Spieg.*
"Et etiam *commendæ* perpetuæ revocatæ." 104.

CONCILIUM. A council, especially of bishops. "Generale concilium," a general council. 72.

CONFIRMO. To confirm.
"Electus fuit magister Thomas Beke iii. Nonas Junii, et *confirmatus* pridie Nonas Julii per Johannem de Pecham." 105, 106.

CONSTABULARIUS. Originally the keeper of the king's stables ; a constable.
"Quibus ex alia parte resisterunt Stephanus *constabularius* et filii Geraldi et omnes Franci ab hoste Sabrinæ usque ad Meneviam, et Flandrenses de Ros." 40.

CONSUL. A count ; an earl.
"Ad quos expugnandos missi sunt duo *consules*, Hugo comes urbis Legionum, et alter Hugo." 31.

CONVENTUS. The fraternity of a religious house, as of an abbey or priory ; a convent. 64.

CORRIGIA. A leather belt.

"Prosiliens sacrista abripuit ei cultellum quod ad *corrigiam* suam habebat." 87.

CRASTINUS BEATÆ KATERINÆ VIRGINIS. The morrow of St. Catherine ; Nov. 26. 108.

———— OMNIUM SANCTORUM. The morrow of all Saints; Nov. 2. 110.

———— SANCTI LUCÆ EVANGELISTÆ. The morrow of St. Luke; Oct. 19. 82.

———— SANCTORUM CYRICI ET JULITTÆ. The morrow of St. Cyr, or Cyrique, and Juliet ; June 17. 66.

CREK = CRYC. 84.

CRICH = CRYC. 97.

CROES. W. A cross. "Croes Oswald." Oswestry. 44.

CRYC (Cryg). W. Hoarse. "Rees Cryc ;" Rhys the Hoarse. 80.

CRYCH = CRYC. 92.

CYMITERIUM (κοιμητήριον). A burialground ; a cemetery.

"Illico omnia victualia et omnia necessaria et etiam exitum vel introitum extra *cymiterium* præfatis monachis inhibuit." 64.

CYSTERCIENSIS. A Cistertian. The Cistertian monks were an order instituted at Cisteaux in France, who came into England about the year 1128, and had their first house at Waverley in Surrey.

"Ducti sunt monachi ordinis *Cysterciensis*, qui modo sunt apud Albam Candam in West Walliam per Bernardum episcopum." 43.

D.

DAPIFER. A steward ; a seneschal. At first he was a domestic officer, like our steward of the household, or rather clerk of the kitchen ; but by degrees the term was applied to any fiduciary servant, especially steward or head bailiff of an honour or manor. *Cowell.*

"Geraldus *dapifer* de Penbroc Meneviæ fines devastavit." 30.

DECENNOVENNALIS (Decem novennalis). A revolution of nineteen years, at the end of which time the aspects of the moon are, within an hour, the same as they were on the same days of the month nineteen years before. This cycle was adopted on the 16th of July 433.

"Mcxxxvº anno ab Incarnatione Domini xvº anno cicli *decennovennalis*." 39.

DECIMÆ. Tithes.

"Ibidem etiam fuit ordinatum de *decimis* Alborum monachorum." 73.

DECOLE EST = DECOLLATUS EST, *per. pass.* of DECOLLO. To behead.

"Rostri filius Heweid *decole est* in Arguistli." 16.

DEINTUS, *pro* INTUS. Within.

"Familiares Hoeli Seis oppidum Wiz nocturno dolo et insidiis cujusdam traditoris *deintus* ceperunt." 48.

DESPONSO. To betroth or espouse. 79.

DEXTRALIS. Belonging to the right hand. "Dextrales Brittones," the Britons of South Wales, that portion of the principality being situated on the right hand of a person looking eastward, as the

Bards and Druids did in the performance of their religious rites.
"Vastatio Brittonum *dextralium* apud Offa." 10.

DIES ASSUMPTIONIS SANCTÆ MARIÆ. Assumption of the Blessed Virgin; Aug. 15. 58.

—— BEATI AMBROSII. St. Ambrose's day; April 4. 105.

—— CONCEPTIONIS BEATÆ MARIÆ. The conception of the Blessed Virgin; Dec. 8. 71.

—— JOVIS. (Dydd Iou, W.) Thursday. 108.

—— LUNÆ. (Dydd Llun, W.) Monday. 75.

—— MARTIS. (Dydd Mawrth, W.) Tuesday. 67.

—— MERCURII. (Dydd Merchur, W.) Wednesday. 81.

—— PURIFICATIONIS BEATÆ MARIÆ. The purification of the Blessed Virgin Mary; Feb. 2. 41.

—— SABBATI. Saturday. 94.

—— SANCTI GEORGII, MARTYRIS. St. George the Martyr's day; April 23. 93.

—— SANCTI KENELMI, MARTYRIS. St. Kenelm the Martyr's day; July 17. 93.

—— SANCTI NICHOLAI. St. Nicholas's day; Dec. 6. 63.

—— SANCTI SWITHINI. The day of St. Swithin; July 15. 62.

—— TRANSLATIONIS SANCTI BENEDICTI. Translation of St. Benedict; July 11. 90.

—— VENERIS. (Dydd Gwener, W.) Friday. 94.

DINAS. W. A city.
"Gueith *Dinas* Neguid." 17.

DIŒCESIS, (διοίκησις). A diocese. 108.

DIU (Dyw, dydd). W. A day. "Diu Sul." Sunday.
"Gueith *Diu* Sul in Mon." 15.

DOMINICA SANCTÆ TRINITATIS. Trinity Sunday. 95.

DOMINICUS. Of or belonging to the Lord. "Dies Dominicus" or "Dominica," the Lord's day; Sunday. 3. "Annunciatio Dominica," the Annunciation of our Lady; March 25. 109.

DORMITATIO. A sleeping; death.
"*Dormitatio* Ciarani." 4.
The word is synonymous with "hun," which in Welsh is frequently used to denote death. "Hir *hun* Maelgwn," long is the sleep of Maelgwn.

DORMITIO = DORMITATIO.
"*Dormitio* Karauni." 4.

DUX. A duke. 20.

E.

EBDOMADA = EBDOMAS.
"Per decem *ebdomadas*." 58.

EBDOMAS = HEBDOMAS, (ἑβδομάς). The space of seven days; a week.
"Qui regnavit per xix. annos exceptis ix *ebdomadibus*." 39.

ECCLESIA, (ἐκκλησία). A church.
"Consecratio Michaelis Archangeli *ecclesiæ*." 9.

EDICTUM. Edict; an ordinance or command; a statute. 60.

EN (Yn). W. In.
"Hir hun Wailgun *en* llis Ros." 4. Long is the sleep of Maelgwn in the court of Rhos.

EPISCOPATUS. A bishop's see; a bishopric.
"Sulgen illi *episcopatui* successit." 26.

EPISCOPUS (ἐπίσκοπος). An over-
seer ; a bishop. He is the chief
of the clergy in his diocese, and
the archbishop's suffragan or assistant. 1 *Bl. Com.* 155, 77, 401.
"Llanwerth *episcopus* consecratur." 14.

EPIPHANIA DOMINI. Epiphany of
the Lord ; Jan. 6. 91.

EXCOMMUNICARE. To shut out
from the communion of the faith-
ful ; to excommunicate.
"Galfridus Foliot archiepiscopus Eboracensis ab archiepiscopo Thoma *excommunicatus est.*" 52.

F.

FENESTRA. (Ffenestr) W. A
window. 84.

FERETRUM. Feretory, a bier, or
coffin ; tomb, or shrine. This
term seems more properly to be-
long to the portable shrines in
which the reliques of saints were
carried about in processions, but
was also applied to the fixed
shrines or tombs in which their
bodies were deposited.
"Inceptum fuit *feretrum* Beati David in
ecclesia Menevensi." 104.

FESTIVITAS SANCTI MARTINI. The
festival of St. Martin ; Nov. 11.
41.

———— SYMONIS ET JUDÆ.
The feast of St. Simon and St.
Jude ; Oct. 28. 74.

FESTUM BEATI BARNABÆ APO-
STOLI. The feast of St. Barnabas;
June 11. 109.

———— BEATI JOHANNIS BAP-
TISTÆ. The feast of St. John
the Baptist ; June 24. 56.

FESTUM BEATI MICHAELIS. Probably the feast of St. Michael on
the mount ; Oct. 16. 73.

———— EXALTATIONIS SANCTÆ
CRUCIS. Exaltation of the Holy
Cross ; Sept. 14. 84.

———— SANCTI CIRICII. The feast
of St. Curig ; June 16. 58.

———— SANCTI HILLARII. The
feast of St. Hilary ; Jan. 13. 97.

———— SANCTI JOHANNIS ANTE
PORTAM LATINAM. May 6. 84.

———— SANCTI MARTINI. The feast
of St. Martin ; Nov. 11. 75.

———— SANCTI PATRICII. The
feast of St. Patrick ; March 17.
24.

FEUDARIUS. A tenant who held
his estate by feodal service ; a
feudary.
"Offert rex ecclesiæ Romanæ totum regnum Angliæ et Hiberniæ tenenda ea sibi et
hæredibus suis tanquam *feudariis* per
annum redditum M. marcarum." 69.

FOSSA. A ditch ; a moat ; a trench.
46.

FOTA. I. High, tall. Cumine *fota*
anno ætatis suæ lxxii. mortuus
est. *Tigern.* A.D. 661.
"Commene *fota.*" 7.

FUNICULUS. A rope, cord, or line.
"Terminos suos bellico *funiculo* dilatabat." 83.

FUSTIS. A club. 80.

G.

GALEA. A galley.
"Rex Johannes *galeas* suas ultra mare
transmisit." 69.

GENTILIS. A gentile ; a pagan.
"Cinnen a *gentilibus* jugulatur." 13.

Goch = Coch. "Wilim Goch," William Rufus. 93.

Gueith (Gwaith). W. Work, action; a battle.

"*Gueith* Camlan." 4. "*Gueith* Cair Legion." 6. "*Gueith* Meiceren." 7.

In B. and C. the word is generally rendered by "Bellum."

Guerra, Werra. War.

"Solus Resus filius Grifut tenuit*gwerram* contra regem Angliæ." 47.

It is remarkable that *gware* in Welsh is the word used for play. "A *gware* pelre â phen Saeson," and to play at hurling with Saxons' heads. *Taliesin.*

Gula. The gullet; the beginning.

"Anglici de Anglia in forti manu castrum ipsius Resi de Deresloyn obsederunt circa *gulam* Augusti." 109.

Gwerro. To make war.

"Venit Eadwardus rex Angliæ in manu forti in Northwalliam ad *gwerrandum* contra Lewelinum, filium Grifud, principem Northwalliæ." 105.

H.

Hir. W. Long.

"*Hir* hun Wailgun en llis Ros." 4. Long is the sleep of Maelgwn in the court of Rhos.

Homagium. Homage; a French word derived from *homo. Co. Litt.* 64. On the original grant of lands and tenements under the feudal system, the tenant or vassal, besides taking the oath of fealty was obliged to do *homage* to his lord, openly and humbly kneeling, being ungirt, uncovered, and holding up his hands both together between those of the lord who sat before him; and there professing that "he did become his *man* from that day forth, of life and limb and earthly honour," and then he received a kiss from his lord; which ceremony was denominated *homagium* or *manhood* by the feudists, from the stated form of words *devenio vester homo. Litt.* 85. 2 *Bl. Com.* 53. "Facere homagium," to do homage. 73.

Hora nona. The ninth hour; three in the afternoon. 97.

Hospitium. A hospice. 87.

Hostium=Ostium. A door, entry, or passage. "Hostium Guili," Aber Gwyli. *Brut.*

"Quem Seisil rex Venedotiæ in *hostio* Guili expugnavit, et occisus est Reyn." 23.

Hun. W. Sleep; death.

"Hir *hun* Wailgun en llis Ros." 4. *See* Hir.

I.

Idus, Ides. With the ancient Romans these were eight days in every month, being the eight days immediately after the nones. In the months of March, May, July, and October these eight days began at the 8th day of the month, and continued to the 15th day; in other months they began at the 6th day, and lasted to the 13th. But it is only the last day that is called *Ides*, the first of these days is the eighth *Ides*, the second day the seventh, the third day the sixth, *i.e.* the eighth, seventh, or sixth day before the *Ides* ; and so of the rest of the days. Wherefore when we speak of the Ides of any month in general, it is to be taken for the 15th or 13th of the month mentioned.

"Henricus rex transfretavit de Anglia in Normanniam iv° *Idus* Januarii." 46.

IMPRISII. Those who side with or take the part of another, either in his defence or otherwise. *Co. Litt.* 253.

"Lewelinus princeps Norwalliæ, suis comitatus *inprisis*, quibusdam de causis inter ipsum et regem subortis, Mungumriam, Brechoniam et Haiam cum Radenor castello solotenus dirupto et incendio devastavit." 78.

INSTALLO. To install.

"*Fuit installatus* viii° Idus Septembris." 105.

INTERDICTUM. An ecclesiastical censure, whereby the divine services are prohibited to whole villages, towns, provinces, and even kingdoms, till they make satisfaction for injuries done, or abstain from injuries they are doing to the church. *Lindw.* 320. *Cowell. Blount.*

"Dominus autem papa . . totam Angliam sub generali *interdicto* conclusit, ne aliqua divina in ecclesiis celebrarentur excepto solo baptismate." 65.

INTRONIZATUS, *pro* INTHRONIZATUS. Enthroned.

"Et *intronizatus* fuit Honorius." 73.

J.

JUSTICIARIUS. A judge ; the chief judge ; lord chief justice.

"Castrum Buellt destruxit et pacificatus cum *justiciario* regis Angliæ." 52.

K.

KALENDÆ. (Calan. W.) The calends, or first day of every month. 24.

L.

LAICUS. Untaught ; unlettered ; one who is not of the clergy ; lay. 34.

LALLWELEN (Y VALL VELEN). W. The yellow plague. It is frequently used in the same sense as *Y vad velen*, the Basilisk, as some think. "I'r oer vad velen o Ros," (*Davydd ab Gwilym.*) To the cold Basilisk of Rhos.

"Tunc fuit *lallwelen.*" 4.

LEGATUS. An ambassador or nuncio from the pope ; a legate. The popes of Rome had formerly in England the archbishop of Canterbury as their *legatus natus;* and upon extraordinary occasions they sent over *legatus a latere.* *Cowell. Blount.*

"Dominus itaque papa transmisit *legatum* in Angliam." 73.

LIBRA. A pound. 98.

LITERÆ PATENTES. Letters patent ; charters containing the

king's grants. They are called letters patent, that is, open letters, because they are not sealed up, but exposed to open view, with the great seal pendant at the bottom, and are usually directed or addressed by the king to all his subjects at large. 2 *Bl. Com.* 346. 64.

LLAN. W. An enclosure; a village; a church. "Llan Patarn," the church of St. Padarn. 21.

LLATHEN. W. A yard (measure). " Coeth Llathen." 94.

LLIS (Llys). W. Court, palace. "Hir hun Wailgun en *llis* Ros." 4. *See* HIR.

LONGUS-ENSIS. Of the long sword. "Willielmus Longus-ensis," William of the long sword. 70.

M.

MAES. W. A field; a plain.
"Igmunt in insula Mon venit, et tenuit *maes* Osmeliaun." 16.

MAGISTER. It signifies in general a governor, teacher, &c., and also in many cases an officer. *Jacob.* A master.
"*Magister* Henricus filius Archen obiit." 49.

MAGNATES. Nobles; magnates; vasalli majores. *Du Cange.* 51.

MANCIPO. To deliver possession; to give the right to another. "*Mancipare* plus est quam *vendere;* nam *mancipat* is, qui et

proprietatem, et usum, atque fructum transfert, et evictionem præstaturum se spondet; *vendit* etiam, qui nudâ et simplici traditione alienat." *F. Gouldman.*
"Porthlagi et Dulin soceri sui auxilio, civibus occisis, suo *mancipavit* dominio." 53.

MANERIUM. A manor. The word is apparently derived from the French *manoir,* habitatio, or rather perhaps from *manendo,* abiding, because the lord usually resided there. A manor is defined to be *nomen collectivum et generale,* comprehending messuages, lands, &c., and is the district or aggregate compass of ground granted by the ancient kings of this realm to the lords or barons, with liberty to parcel the land out to inferior tenants, reserving such duties and services as they thought convenient, and with power to hold a court for redressing misdemeanors, punishing the offences of their tenants, and settling any disputes of property between them. *Wishaw's Law Dict.*
"*Manerium* de Osterlof." 109.

MAP (Mab). W. A son; the son.
"Aidan *map* Gabran moritur." 6.

MARCA. A coin of the value of thirteen shillings and fourpence.
"Henricus rex xlii. millia *marcarum* misit Hierosolimis." 55.

MARTYRIUM (μαρτύριον). Death in attestation of the truth of one's religion; martyrdom.
"Thomas Cantuariensis archiepiscopus *martyrio* vitam finivit." 53.

MONACHILIS. Belonging to a monk; monastic.

"Obiit ille magnus Achilles secundus, dominus scilicet Lewelinus filius Gervasii filii Owini Guynet, tunc princeps Walliæ recepto habitu *monachili*." 82.

MONACHUS (μοναχός). One who lives alone ; a monk. 43.

MONASTERIUM. A monastery. 79.

MONETA. Money. That metal, be it gold or silver, which receives authority by the prince's impress to be current; for as wax is not a seal without a print, so metal is not money without the impression. *Co. Litt.* 207. 1 *Hale's Hist. P. C.* 188.

"Rex mutavit *monetam* ad festum Sancti Martini." 55.

MORINA. Mortality.

"Magna morina ovium fuit." 106.

N.

NANT. W. A brook, a rivulet ; a hollow bottom.

"Sed supervenerunt duo filii Ydwal; id est Iago et Ieuaf, quos Howel e regno expulerat, et pugnaverunt contra Oweyn juxta *Nant* Carno, et victores fuerunt." 18.

NATALE, or NATIVITAS DOMINI. The Nativity ; Dec. 25. 71.

NATIVITAS BEATI JOHANNIS BAPTISTA. Nativity of St. John the Baptist ; June 24. 96.

———— BEATÆ MARIÆ. Nativity of the Blessed Virgin; Sept. 8. 96.

NEGUID (Newydd). W. New. "Gueith Dinas *Neguid*." 17.

NONÆ. Nones. They are the 5th day of each month, excepting in March, May, July, and October, when the nones fall on the 7th day.

"Sex Maius Nonas, October, Julius, et Mars;
Quatuor at reliqui ;—dabit Idus quilibet octo."

"Consecratus est Sanctus Thomas archiepiscopus IV° *Nonas* Junii." 49.

NORWALLIA. North Wallia ; North Wales. 27.

NOTARIUS. A person who takes notes, or makes a short draught of contracts, obligations, or other writings and instruments ; a notary.

"Hoc fuit propter odium infernale quod dicti vigiles habebant erga *notarium* ejusdem castelli, qui erat Anglicus." 98.

NOWID (Newydd). W. New. "Castelh Nowid," New Castle. 97.

O.

OBSECUNDO. To subdue. Atoresgynn in *Brut* = to reconquer ; to conquer a second time.

"Totamque regionem Ceredigeaun *obsecundavit.*" 50.

OCTAVA. An octave. The octave of each feast is always the eighth day inclusive after it occurs.

OCTAVA PETRI ET PAULI. The octave of St. Peter and St. Paul; July 6. 56.

———— SANCTI ANDREÆ. The octave of St. Andrew ; Dec. 7. 63.

ONNEN. W. An ash-tree. "Cat Brin *onnen*." 14.

OPTIMATES. Noblemen = Uchelwyr ; gwyr da.

"Sed Eyniaun ab *optimatibus* de Went dolo occiditur." 20.

OSCULUM PACIS. The kiss of peace. 64.

OSTILUM = HOSTIUM.
"Et devictus est Reyn in *ostilo* Guili." 23.

P.

PALEFRIDUS. One of the better sort of horses used by noblemen or others for state. *Co. Litt.* 149. *Cowell.* A palfrey.

"Anglici omnia victualia, omnes caballos, arma et necessaria eorum portantes, et omnes *palefridos* ibidem amiserunt." 94.

PALLIUM. An ecclesiastical vestment made of white wool, proper to popes, patriarchs, primates, and metropolitans; a pall. 65.

PAPA. The pope. This term was anciently applied to some clergymen in the Greek Church; but by usage it is particularly appropriated in the Latin Church to the Bishop of Rome, who formerly had great authority in these kingdoms. *St. 25 Ed. 3, St. 6. 4 Bl. Com.* 104.

"Innocentius *papa* obiit." 42.

PARES. A man's peers, or equals; as the jury for trial of causes, who were originally the vassals or tenants of the lord, being the equals or peers of the parties litigant. *3 Bl. Com.* 349.

"In Anglia constituti sunt xii. *pares*." 97.

PARLIAMENTUM. The Parliament.

"Statuit rex in suo primo *parliamento* post coronationem suam multa statuta apud Westmonasterium." 104.

PASCHA, H.; PASG, W. The Passover, the feast of Easter.

"Post Martis Nonas, ubi sit nova luna requiras;
Et cum transierit bis septima, Pascha patebit."
"*Pasca* commutatur super diem Dominicum." 3.

PAUSO. To pause, to rest, to die.
"Episcopus Ebur *pausat* in Christo." 3.

PENALIS. Penal. 104. *See* RESTRICTIVUS.

PENTECOSTE (πεντηκοστή, *sc.* ἡμέρα). The fiftieth day from Easter; the Pentecost; Whit Sunday.
"Ad *Pentecostem* ivit rex cum exercitu suo super Hugonem Bigod in Sufok." 41.

PEREGRINATIO. A pilgrimage.
"Catell Romam *peregrinationis* causa perrexit." 46.

PEREGRINUS. A pilgrim.
"*Peregrini* de Dyvet et Keredigaun submersi sunt." 43.

PERHENDINO, *pro* PERENDINO. To delay; to tarry.
"Ricardus de Carreu, episcopus Menevensis, ivit in Franciam in Continenti post Pascha, et *perhendinavit* apud Rungy prope civitatem Parysiensem." 103.

PERVEDD. Middle, inward. "Pervewalt," *i.e.*, Perveddwlad, the middle country. 80.

PHILOSOPHUS (φιλόσοφος). A lover of learning or wisdom; a philosopher. 90.

PIRATA. A robber on the sea; a pirate.
"Omnes Venedoti in Mon insula se receperunt, et ad eos tuendos de Hibernia *piratas* invitaverunt." 31.

POSSE. A multitude; power.
"Maredut filius Resi Crych et Maredut filius Oweni, cum omni *posse* eorum, in silvis et in nemoribus et in convallibus circa Anglicos, cum magnis clamoribus undique fuerunt congregati." 99.

PRÆCENTOR. An ecclesiastical officer; a precentor.
"Constitutus est *præcentor* in ecclesia Menevensi." 76

PRÆDICATOR. A preacher.

"Incipit ordo *Prædicatorum*." 62.

PRÆMONSTRATENSES. Canons who lived according to the rule of St. Austin, as reformed by St. Norbet, who set up this regulation about the year 1120 (1009 in "Annales"), at Præmonstratum in Picardy, a place so called because it was said to be foreshown or *præmonstrated* by the Blessed Virgin to be the head seat, or mother church, of this order.

"Incipit ordo *Præmonstratensium*." 34.

PRIOR. The first in dignity next to the abbot or chief of a convent; a prior. 1 *Bl. Com.* 155.

"David episcopus Menevensis obiit; cui successit *prior* de Wenloc, Petrus nomine." 55.

PUTATIVUS. Putative; reputed, or commonly esteemed, in opposition to notorious and unquestionable.

"Tudur filius Pret in oppido occisus est, qui fuit filius *putativus* Resi." 59.

Q.

QUADRAGESIMA. Lent. 92.

QUARTERIUM. A quarter.

"*Quarteria* vero ejus fuerunt suspensa." 107.

QUIES. Rest, repose; death.

"*Quies* Benigni episcopi." 3.

R.

RAMISPALMA. Palm Sunday. 93.

RATIHIBITIO (*ex* Ratum et habeo). An approving of a thing.

REFECTORIUM. A place in monasteries and colleges where the company dine and sup together; a refectory.

"Tanquam postulatum ad osculum pacis receperunt in conventu et in *refectorio*." 64.

RELIGIOSUS. A person devoted to the service of God; a religious.

"Recessit Oto legatus de regno Angliæ, qui cum magno multitudine archiepiscoporum, episcoporum, abbatum, cæterorumque *religiosorum* ab imperatore captus fuit." 83.

RELIQUIÆ. Relics. The remains, such as the bones, &c., of the dead, preserved by persons living, with great veneration, as sacred memorials of them. *Stat. Iac.* 1. c. 26.

"*Reliquias* vero Maredut secum asportavit ad Keredigean et ad Demetiam." 21.

REPATRIO. To return to one's country.

"Et iv. Id. Julii iter arripuit *repatriandi*." 103.

RESTRICTIVUS. Restrictive.

"Plura alia statuta *restrictiva* et penalia fuerunt ibidem edita." 104.

RUD (Rhudd). W. Rêd. Rudglann, Rudlan (Rhuddlan). The red shore. A town in North Wales. 11.

RUBIGDUS, *pro* RUBIDUS. Reddish. 110.

RUINUS, *pro* RUINOSUS. Ruinous.

"Tunc dominus Rogerus et Humfrei de Bun junior cum flore juventutis totius Marchiæ intraverunt *ruinos* muros de Kevenlis." 100.

S.

SABBATUM. Saturday. 90.

SABBATUM PALMARUM. Palm Saturday. 75.

SACRAMENTUM. An oath. 3 *Bl. Com.* 342. 39.

SACRISTA. He that keepeth holy things ; a sexton. 87.

SCISMA. (σχίσμα.) A schism ; a separation in the church; any division, secular as well as ecclesiastical.

"Et factum est *scisma* in ecclesia Romana, Alexandro et Victorio candidatis." 48.

SCRINIUM (YSGRIN, W). A shrine.

"*Scrinium* Sancti David de ecclesia sua furatur." 28, 29.

SEIS (Sais). W. A Saxon ; an Englishman. "Hoelus Seis," Howel the Saxon. 69.

SENESCALLUS, derived from the Germ. *Sein,* a house or place, and *Schale,* an officer. A steward ; seneschall.

"Nicolaus de Molyns *senescallus* de Kermerdin ad terram Mailgonis cum mero exercitu accessit." 86.

SEPTIMANA. A week. "Septimana Paschalis," Easter week. 75.

SIGILLUM. A seal. 61.

SIGNO. To sign ; to signify.

"*Signavit* enim Henrici regis mortem." 56.

SIGNUM, SIGNACULUM. A sign.

" Imperator Romanus, Fredericus nomine, et rex Francorum Philippus, Ricardus Anglorum rex crucis *signaculo* se signare fecerunt." 56.

"De cruce prædicans, complures *signo* crucis munivit." 56.

SONIPES. A courser.

"Omnes quos habebant generosos *sonipedes* cum rebus aliis dicti Galli sibi vendicaverunt." 99.

STRANGBOGA. Strongbow. 44.

STRAT (Ystrad). W. A street or paved way ; a vale. Strat Clut, the vale of the Clyde.

"Et *Strat* Clut vastata est a Saxonibus." 18.

SUBPRIOR. An under prior. 64.

SUDWALLIA. South Wales. 57.

SUL. W. The sun. "Diu Sul." Sunday.

"Gueith Diu *Sul* in Mon." 15.

SYNODUS (σύνοδος). An ecclesiastical council ; a synod.

"*Synodus* Victoriæ apud Britones congregatur." 5.

T.

TERRA SANCTA. The Holy Land. 57.

THEOLOGUS (θεολόγος). A divine ; a theologian.

"Magister Ricardus de Karreu, *theologus* et philosophus optimus." 90.

THESAURARIUM. The treasury.

"Cui Ada successit in *thesauraria* Robertus de Haverford." 105.

THESAURARIUS. An officer to whom the treasure of another is committed to be kept, and truly disposed of ; a treasurer.

"Cui successit magister Adam Barelt, *thesaurarius* Menevensis." 105.

TORNEAMENTUM = TORNIAMENTUM.

TORNIAMENTUM. A tournament.

"Gilbertus Mariscallus apud War in quodam *torniamento* obiit." 84.

TRANSLATIO SANCTI THOMÆ MARTYRIS. Translation of St. Thomas the Martyr ; July 7. 75.

TREF (Trev). W. A town. "Trefilan," Ilan's town. 81.

TREUGA. A truce ; a league, or cessation of arms.

"*Treugas* fecerunt usque ad festivitatem Sancti Martini." 41.

TRINITAS. Three persons in one God ; the Trinity. 34.

TRIPUDIUM. A dancing.

" Ibi honorifice cum magno *tripudio* susceptus." 104.

V.

VALLUM. A rampart; a bulwark. 46.

VAUR (Mawr). W. Great. "Landeilau Vaur;" Llandeilo the Great. 80.

VESPERA. The evening; vespers; *i.e.*, from about 4 o'clock to about 7, when compline began.

"Nova turris Menevensis ecclesiæ . . . . statim post *vesperas* in ruinam improvisam versa est." 75.

VETHAN = BETHAN. 80.

VIGILIA ASCENSIONIS DOMINI. The vigil of the Ascension. 71.

———— BEATI LAURENTII. Vigil of St. Laurence; Aug. 9. 99.

———— NATALIS DOMINI. The vigil of the Nativity; Dec. 24. 71.

———— SANCTI ANDREÆ APOSTOLI. Vigil of St. Andrew; Nov. 29. 100.

———— SANCTI THOMÆ APOSTOLI. Vigil of St. Thomas; Dec. 20. 100.

VIGILIA SANCTÆ TRINITATIS. Vigil of the Holy Trinity. 91.

VILLA. It is sometimes taken for a manor, and sometimes for a parish, or part of it. But a *villa* is most commonly the out-part of a parish, consisting of a few houses, as it were, separate from it. I *Inst.* 115. A village.

"Grifinus filius Resi Owinum filium Cadugaun in Kairmerdin, *villa* combusta, occidit." 36.

W.

WRADOUC (Vradawg). W. Treacherous.

"Gawran *Wradauc.*" 4.

Y.

YAL (Ial). W. Clear, fair, open. The name of a place. "Grifut Yal," Gruffudd of Yale. 82.

INDEX.

INDEX.

C.

Cadvan (Catwan), son of Cadwalader, receives from his father the castle of Llanrhystud, with his own share of Ceredigion, 44.

captured by Howel, son of Owain, 45.

Cadwalader (Catgualart, Catwaladir), son of Cadwallon, dies of a plague, 8.

Cadwalader (Catwaladr, Cadwaladr), son of Gruffudd, with his brother Owain, leads an army to Ceredigion, 40.

destroys the castle of Walter de Bec, of Aberystwyth, of Richard de la Mere, and of Dineirth, 40.

burns Caerwedros, 40.

returns home, 40.

goes a second time to Ceredigion, 40.

in conjunction with other Welsh princes attacks Aberteivi, 40.

routs the French and Flemings, 40.

returns home victorious, 40.

goes a third time with an army to Ceredigion, 41.

demolishes the castles of Ystrad Meurug, of Stephen, of Humphrey, and of Caermarthen, 41.

returns home, 41.

goes with a fleet manned by Pagans to Aberteivy, 41.

forms a truce, 41.

obtains a fleet from Ireland to assist him against his brother Owain, and lands at Abermenai, 42.

is reconciled to his brother, 42.

is taken prisoner by the Germans or Irish, 42.

obtains his liberty on stipulating to pay a ransom, 42.

attacked by his brother Owain, 42.

deprived of Meirionydd by Cynan and Howel, sons of Owain, 44.

erects the castle of Llanrhystud, and gives it to his son Cadvan, 44.

recovers his territory, 47.

encamps at Dinweileir, 58.

opposes king Henry II. near Oswestry, 50.

is slain, 53.

Cadwallon (Catguollaun, Catguollan, Catguollaaun, Catwallaun), besieged in the island of Glanawg, 6.

obtains the victory in the battle of Meigen, 7.

is slain in the battle of Cantscaul, 7.

Cadwallon (Catwallaun, Caduuallaun, Catwalaun, Cadwallaun), son of Gruffudd, commits depredations in Meirionydd, 37.

kills his four uncles, Owain, Goronwy, Rhirid, and Meilir, 37.

is killed by Cadwgan, son of Goronwy, 39.

Cadwallon (Catwalaun, Cadwallaun), son of Idwal, killed by Maredudd, son of Owain, 20.

Cadwallon (Catwalaun), son of Madog, detains his brother Einion Clud as prisoner, 49.

Cadwallon (Catwaloin), son of (Maelgwn?), commits depredations in Glamorgan, 68.

Cadwallon (Katwalan), son of Maelgwn, dies at Cwm Hir, 80, 81.

Cadwallon (Catwallaun, Cadwallaun), son of Owain, dies, 19.

Cadweithen (Catgueithen, Catweithen, Cathweithen), expelled, 14.

his death, 15.

Cadwgan (Cadugan, Cadugaun), son of Bleddyn, expels Rhys, son of Tewdwr, from his kingdom, 28.

commits depredations in Dimetia, 29.

escapes into Ireland, 31.

returns from Ireland, 31, 32.

loses Ceredigion, 35.

slain by Madog, son of Rhirid, 35.

Cadwgan (Cadugaun), son of Goronwy, kills Cadwallon, son of Gruffudd, 39.

Cadwgan (Cadugaun), son of Maredudd, killed by Walter Clifford, 49.

Cadwgan (Catguocaun, Cadugan), son of Owain, strangled by the Saxons, 18.

Caer Alclut, demolished by the Pagans, 14.

Caereinion (Kereinaun, Cayrheinaun), the castle of, built by Owain, son of

E.

Eadmund, king of the Saxons, is strangled, 18.

Earthquake, a great, in the Isle of Man, 8.
　in Britain, 29, 110.
　at Jerusalem, 53.
　in Britain and Ireland, 87.

Easter, changed to Sunday, 3.
　first observed by the Saxons, 8.
　the time of, altered among the Britons by Elbod, 10.

Eclipse, of the moon, 11, 13, 110.
　of the sun, 6, 11, 41, 55, 110.

Edelfled (Aelfled, Edfled, Edelflet), queen, dies, 17.

Edelisius, an English commander, ravages portions of South Wales, 21.

Edelrit, son of Edgar, expelled from his dominion, 22.

Edgar (Eadgar), king of the English, appears in Caerleon with a fleet of ships, 19.
　his death, 20.

Edgar (Eadgar), son of Malcolm, dies, 34.

Edilbert, reigns in England, 5.

Edmund, son of Henry III., builds a castle at Llanbadarn, 105.

Edris (Edrich), ravages Menevia, 22.

Edwald (Edwalt, Edphalt), king of the Saxons, dies, 10.

Edward, son of king Henry III., entrusted by his father with the care of the kingdom of England, 88.
　proceeds to Spain with archbishop Boniface, 89.
　there espouses the daughter of the king, 89.
　comes to England, 90.
　crosses over to the continent with the flower of his kingdom, 99.
　returns to England, 99.
　a great dissension between him and the barons of England, 100.
　opposed by the earls and barons with the lord Llywelyn, 101.
　approaches the castles of Huntington and Hay, takes the adjacent villages,

Edward, son of king Henry III.—*cont.*
　and delivers them to the custody of Roger Mortimer, 101, 102.
　taken captive at Lewes, 102.
　escapes from prison, 102.
　succeeds his father, 103.
　crowned king of England, 104.
　goes with a large army to North Wales, and encamps at Rhuddlan, 105.
　returns to England, 105.
　subdues the whole of Snowdon, 106.
　rebuilds the castle of Llanbadarn the Great, 108.
　begins to build a castle at Aberconwy, 108.
　makes fortifications at Bangor and Caernarvon, 108.
　goes with his queen on a pilgrimage to St. David's, 108.
　goes over to France, 109.

Edwin (Etguin, Gwin), begins to reign, 6.
　is baptized, 6.
　slain in battle with his two sons, 7.

Egidius de Bruse, made bishop of Hereford, 62.
　obtains his patrimony, 70.
　his death, 71.

Eilaf (Eilaph), ravages Dimetia and Menevia, 23.

Einion (Eynan, Einaun, Eynaun), son of Anarawd, destroys the castle of Humphrey, and kills the soldiers who were in it, 48.
　is treacherously slain in his sleep, 49.

Einion (Eynan, Eynaun), son of Cadwgan, demolishes the castle of Uchdryd (Vedrith), 36.
　his death, 37.

Einion Clud (Eynaun Clut), seized by his brother Cadwallon, 49.
　wounded by the sons of Llywarch, son of Dyvnwal, 52.

Einion (Eynon, Eyniaun, Eynan, Einaun), son of Owain, ravages Gower, 19, 20.
　kills many of Howel's men, who were devastating his land, 20.
　is himself killed, 20.

K

H.

Haard, the son of Meurig, drowned, 19.

Harold, king of the Goths, devastates Dimetia and Menevia, 20.

endeavours to reduce the English under his power, 25.

Harold, son of Godwin, slays Harold, king of the Goths, in battle, 25.

Harvey de Chaurs slain, 104.

Haverford (Harford), Robert, son of Richard, loses the castle and barony of, 67.

Llywelyn, prince of Wales, approaches the castle of, and burns the whole village, 74.

Walter Mareschal comes to, 85.

the village of, recovers its liberties, 108.

Haverford, Robert de, rector of Llanvynydd, succeeds Ada as treasurer of Menevia, 105.

Havren, i. e. the Severn, the English army takes its station between Aberrhiw and, 92.

Hay, devastated by Llywelyn, prince of North Wales, 78.

taken by Edward, 101.

Hector, Rhys, son of Gruffudd, compared to, 75.

Hehil (Heil, Heyl), in Cornwall, the battle of, 9.

Helena (Elen), the wife of Howel the Good, dies, 17.

Henry de Amloff succeeds John de Fekeham as archdeacon of Brecon, 104.

his death, 105.

Henry, son of Archen (Haern, C.), dies, 49.

Henry, son of prince Edward, visits his castles, and lands in North Wales, 90.

Henry I., king of England, succeeds to the throne, 32.

marries the daughter of Malcolm, king of the Scots, 32, 33.

Henry I., king of England—cont.

dissension between him and Robert de Bellesme, his brother, 33.

captures Iorwerth, son of Bleddyn, 33.

dissension between him and archbishop Anselm, 33.

takes and imprisons Robert de Bellesme, 35.

subjugates for himself the whole of Normandy, 34.

concedes that no ecclesiastical investiture should be made by a layman, 34.

leads an army into Wales, 35.

returns home, 35.

assists at the dedication of the church of St. Alban, 36.

his son drowned at Barbefleth, 37.

leads an army into Powys, 37.

enters into terms of peace with the inhabitants, and returns home, 37.

expels Gruffudd, son of Rhys, from his territory, 38.

orders Robert, duke of Normandy, to be blinded, 39.

his death, 39.

Henry II., duke of Normandy, comes to England, and lays siege to Malmesbury, 44.

lands with his mother at Wareham, 45.

succeeds to the throne, 46.

crosses over into Normandy, 46.

meditates the subjugation of North Wales, 46.

encamps near Chester, 46.

proceeds to Rhuddlan, and encamps there, 47.

his fleet lands in Mona, 47.

makes peace with Owain, prince of North Wales, 47.

returns to England, 47.

is opposed by Rhys, son of Gruffudd, alone, 47.

agrees to give him Cantrev Mawr, 47.

breaks his promise, 47.

leads a large army as far as Pencadeir against Rhys, 49.

Henry II., duke of Normandy—*cont.*
  having made peace with him, he re-
    turns home, 49.
  arrives at Oswestry, with an army of
    several nations, meditating the de-
    struction of all Wales, 50.
  is opposed by Owain and Cadwalader
    at the head of the men of North
    Wales, Rhys at the head of the
    South-walians, and Owain Cyveiliog
    and Iorwerth the Red, at the head
    of the men of Powys, 50.
  proceeds to the Berwyn mountain,
    where he encamps, 50.
  blinds and castrates the Welsh hos-
    tages that were in his power, 50.
  returns in disgrace into England, 50.
  his daughter given in marriage to the
    duke of Saxony, 52.
  visits St. David's, 53.
  goes to Ireland, and reduces it under
    his own dominion, 53.
  liberates Robert, son of Stephen, who
    had been put in chains by the bur-
    gesses of Wiseford, 53.
  returns from Ireland, and goes on a
    pilgrimage to St. David's, 54.
  dissension between him and his son,
    54, 55.
  they are reconciled, 54.
  alters the coinage, 55.
  sends 42,000 marks to Jerusalem, 55.
  his death, 56.
Henry, son of Henry II., crowned during
  his father's lifetime, 53.
  dissension between him and his father,
    54, 55.
  is reconciled, 54.
  his death, 55.
Henry III., king of England, is crowned,
  74.
  his sister married to the king of
    Scotland, 75.
  loses Poictou, 76.
  leads an immense army to the pro-
    vince of Ceri, and erects a castle
    there, 77.

Henry III., king of England—*cont.*
  receives a sum of money, and returns
    home, 77.
  crosses over into Brittany at the head
    of a large army, and begins to harass
    the king of France, 77, 78.
  leaves William Mareschal there, 78.
  is with his army at "Poresmue," 78.
  constructs Pain's castle of stone and
    mortar, and fortifies it with a multi-
    tude of armed men, 78.
  fortifies the castle of Matilda, 79.
  dissension between him and Richard
    Mareschal, 79.
  laments his death, 80.
  marries the daughter of the earl of
    Provence, 81.
  a son is born to him, who is named
    Edward, 92.
  receives the homage of the nobles of
    Wales, 82, 83.
  subdues all the Welsh, 83.
  fortifies the castle on the rock near
    Diserth in Tegeingl, 83.
  takes hostages from David on account
    of Gwynedd, 83.
  cites him to London, 83, 84.
  crosses over into Poictou (Gascony,
    C.), 84.
  returns from Bordeaux, 84.
  leads a large army as far as Dyganwy,
    with the view of subduing all the
    Welsh, 85.
  having fortified the castle there, he
    returns to England, 85.
  goes to Burgundy, having entrusted
    the kingdom of England to his son
    Edward, his brother Richard, and
    the queen, 88.
  returns into England, 88.
  is found by his son Edward in the
    White Tower, 99.
  captured in the battle of Lewes, 102.
  his death, 103.
Henry, bishop of Exeter, dies, 65.
Henry, son of Gerald, slain, 47.
Henry Goeth (Goch ?) slain by armed men
  from Pembroke and Rhos, 95

Henry de Trirbeleville succours the castle of Caermarthen, 79.

Henry Wingan, constable of Erbert, slain, 95.

Herbert, son of Mahius, slain by the Welsh in Glamorgan, 86.

Hereford (Hirford, Herford), the battle of, 10.

devastated by Gruffudd, son of Llywelyn, 25.

Hereri, *i. e.* Eryri, Llywelyn, prince of North Wales, removes all his goods to the mountain of, 67.

Hexvil, I. de, takes the isle of Ely, 102.

Hirad (Iratur, C.), the battle of, 23.

"Hithoet," the castle of, taken and demolished by prince Llywelyn, 79.

Holy Land, the, restored to the emperor Frederick, 77.

the earl of Cornwall goes to, 83.

tithes for the subsidy of, 104.

Honorius enthroned, 73.

Howel (Higuel), battle between him and Cynan, the former victorious, 12.

expels Cynan from Mona, 12.

is expelled from Mona by Cynan, 12.

his death, 12.

Howel (Higuel, Hoel) dies at Rome, 15.

Howel (Hoel, Howiel), son of Edwin, holds the government of Rhydderch, son of Iestyn, 23.

expelled from his territory by Gruffudd, son of Llywelyn, 23, 24.

conquered by Gruffudd, in the battle of Pencadeir, 24.

is crowned, 24.

harasses Wales, 24.

is slain in the battle of Aberteivy, 24.

Howel (Higuel, Hoel), the Good, goes to Rome, 17.

his death, 18.

Howel (Hoel), son of Goronwy, devastates Pembroke, 30.

expelled by Richard, son of Baldwin (Bleduin, C.), commits great depredations, 33.

Howel, (Hoel), son of Goronwy—*cont.*

is killed by the French of Rhyd y Gors, 33.

Howel (Hoel), son of Gruffudd, dies, 72.

Howel (Hoel), son of Idwal (Ieuav, C.) ravages Brecheiniog, and the whole territory of Einion, son of Owain, 20.

is slain by the English, 20.

Howel (Hoel), son of Ithel, (Ydwal, C.), flees to Ireland, 32.

receives a wound, of which he dies, 36.

Howel, son of Madog, slain, 42.

Howel (Hoel), son of Maredudd, slays Cynvrig, son of Owain, 41.

is slain by his own men, 42.

Howel (Hoel), son of Owain, slain by Trahearn (Cradauc, C.), son of Caradog (Grifud, C.), 27.

Howel (Hoel), son of Owain, destroys Aberteivy, 43.

attacks and takes the castles of Caermarthen and Llanstephan, 43.

assists in destroying the castle of Gwys, 44.

wrests Meirionydd from Cadwalader, 44.

seizes his cousin Cadvan, and subjugates his land and castle, 45.

burns the town of Llanrhystud, and kills the garrison, 45.

encamps with his father, and his brothers Cynan and David, near Basingwerk, 46.

encamps at Dinweileir, 48.

Howel (Hoel), son of Rhydderch, killed by Rhys, son of Howel, 42.

Howel the Saxon (Hoel Seis), son of Rhys, takes by treachery the castle of Gwys, 58.

destroys the castle of Llandovery, 58.

demolishes the town of Llanuhadein, 59.

slays Flemish nobles at Peulyniog, 59.

captures his father, 59.

John, king of England—*cont.*

levies a tax for the purpose of recovering his inheritance in Normandy, 66.

dissension between him and William de Bruse, 66.

expels Walter and Hugh de Lacy from England, Wales, and Ireland, 67.

on his return from Ireland, touches at Fishguard, 67.

leads his army to North Wales, 67.

assisted by Maelgwn and Rhys, sons of Rhys, Gwenwynwyn, son of Owain, and other chiefs of lesser note, 67.

returns unsuccessfully to England, 67.

leads his army a second time to North Wales, and fortifies several castles there, 68.

on receiving three thousand head of cattle, returns to England, 68.

offers the whole kingdom of England and Ireland to be held by himself and heirs as feudaries of the Church of Rome for the annual tribute of a thousand marks, 69.

crosses with his galleys into France, and burns about 80 of the French ships, 69.

recalls the archbishop and bishops, 69.

enters Poictou, and is assisted by his nephew Otho and the Germans, 70.

returns to England, 70.

dissension between him and the barons of the North, 70, 72.

dissension between him and the chief men of the kingdom, 73.

seeks aid from the pope, 73.

his kingdom made tributary to the pope, 73.

his death, 73.

his character, 73.

John de Fekeham, archdeacon of Brecon, dies, 104.

John Pain, Llywelyn, son of Owain, delivered up to, 38.

John de Peccham, archbishop of Canterbury, confirms Thomas Becke as bishop of Menevia, 105.

holds a provincial council at Lambeth, 106.

visits the diocese of Menevia, Llandaf, Bangor, and St. Asaph, 108.

John Strange in the English army between the Severn and Aberrhiw, 92.

Jonathan, prince of Abergelen, dies, 14.

Joseph, bishop of Llandaf, dies at Rome, 24.

Joseph, bishop of Menevia, dies, 25.

L.

Lacy, Hugh de, his sons expels John de Curcy from Ireland, 63.

expelled from England, Wales, and Ireland by king John, 67.

his sons subdued by William Mareschal, 76.

Lambeth, a provincial council held at, 106.

Laudent, death of, 13.

Legate, a, sent by the pope to England, 73.

who excommunicates Louis, son of the French king, with all his partisans, 73.

and afterwards absolves him, 73.

he crowns Henry, son of king John, 73, 74.

Leicester, the earl of, taken prisoner, 54.

the town of, taken by the earl of Gloucester, 102.

Leo, pope of Rome, effects a change in the time of Easter, 3.

Letardus Litelking, killed by Anarawd, son of Gruffudd, 40.

Lewes, the battle of, 102.

Lincoln, Thomas Becke, consecrated at, 106.

one quarter of David, son of Gruffudd, suspended in, 107.

Llywelyn (Lewelin, Leuuelin)—*cont.*
recalls those who had been dispersed, 98.
proceeds to the village of Dinbric in Dimetia, and burns it, 98.
his men obtain the castle of Buellt for a large sum of money, 98.
a truce established between him and the king, 99.
lays siege to Cevnllys, 100.
sides with the barons of England against Edward, 100.
in conjunction with the earls and barons takes all the castles and cities of England, except Windsor castle, 101.
takes the castle of Diserth and levels it to the ground, 101.
takes the castle of Dyganwy, 101.
receives the homage of Gruffudd, son of Gwenwynwyn, 101.
attacks the castle of Gwyddgrug, and levels it to the ground, 101.
enters into terms of peace with king Edward, 105.
marries the daughter of Simon de Montefort, 105.
is killed by the English through the treachery of his own men, 106, 107.
Llywelyn (Lewelin), son of Gurwareth, bailiff of king Henry III., carries away booty from the men of Elvael, 88.
Llywelyn (Lewelin), son of Iorwerth, expels David, son of Owain, 59.
removes his goods to the mountain of Eryri, 67.
betakes himself thither for safety, 68.
gives three thousand head of cattle to king John, 68.
enters into a treaty with Maelgwn and Gwenwynwyn, 68.
commits a great slaughter among the French, 68.
takes the castles in North Wales and Powys, which had been fortified by the king, 69.

Llywelyn (Lewelin) son of Iorwerth—*cont.*
takes and demolishes the castles of Caermarthen, Cydweli, St. Stephen, St. Clare, and Trevtraeth, 71.
crosses the Teivi, and takes the castles of Aberteivy and Cilgerran, 71.
expels Gwenwynwyn from his country, 72.
marches into Gower, and takes the castle of Abertawe, 72.
proceeds thence to Rhos, 72.
leads a large army into Dimetia, and burns the castle of Arberth, 74.
destroys the castle of Gwys, 74.
approaches the castle of Haverford, and burns the whole village, 74.
tarries over night at Pyle in Rhos, and burns the whole country, 74.
enters into a treaty with the men of Pembroke, 74.
returns home, 74.
takes the castle of Wittington, 76.
commits a great slaughter in the king's army, and takes William de Bruse, 77.
liberates William de Bruse for a large sum of money, and for the castles of Buellt, 77.
delivers him to death, 77.
devastates Montgomery, Brecon, Hay, and the castle of Radnor, 78.
proceeds to Gwent, and reduces to ashes the castles of Caerleon, Nedd, and Cydweli, 78.
burns the villages of Brecon and Clua, demolishes the castle of Hithoet, and reduces the village of the White Monastery into ashes, 79.
liberates his son Gruffudd from prison, 30.
his wife Johanna dies, 82.
his own death, 82.
his character, 82, 83.
Llywelyn (Lewelin), son of Madog, is slain, 49.
Llywelyn (Lewelin), son of Maredudd, is slain at Clunon, 100.

M.

Madog (Madoc), son of Owain, released from prison, 98.

Madog (Madoc, Madauc), son of Rhirid, burns Meirionydd, and kills the inhabitants, 34, 35.

flees to Ireland, 35.

returns from Ireland, and conceals himself in the woods, 35.

kills his uncle Iorwerth, 35.

kills his uncle Cadwgan, 35.

is deprived of his eyesight by Owain, son of Cadwgan, 35.

Madog (Madauc), sacrist of Menevia, detects a thief in the church, 87.

Maelgwn (Mailcun) Gwynedd, death of, 4.

Maelgwn (Mailgon), son of Maelgwn, goes to Llywelyn, and makes Maredudd, son of Owain, give up Mevenydd for Penarch, 81.

fortifies the castle of Garthgrugyn, 84.

flees into Meirionydd, 86.

conducted by Nicholas de Moleyns to the presence of the king, and scarcely obtains his royal favour, 86.

Maelgwn (Mailgon), son of Rhys, seized by his father, and imprisoned at Dinevwr, 57.

removed by his brother Gruffudd from his father's prison, and placed in the custody of William de Bruse, 57.

released by his father against William de Bruse's will, 58.

envious of his brother Gruffudd, 58.

demolishes the town of Llanuhadein, 59.

kills David, son of Maurice, and Tankard, a monk, 59.

seizes his brother Gruffudd, and delivers him into the custody of Gwenwynwyn, 61.

goes over to the enemy, 62.

sells the castle of Aberteivy to the king, 62.

takes the castle of Cilgerran, 63.

assists king John in his expedition to North Wales, 67.

burns the castle of Aberystwyth, 68.

carries the war into South Wales, 68.

Maelgwn (Mailgon) son of Rhys—*cont.*

enters into a treaty with Llywelyn, and slays many of the French in Powys, 68.

in conjunction with prince Llywelyn takes the castles in North Wales and Powys that had been fortified by the king, 69.

subdues all the Welsh of Dimetia, 71.

crosses the river Teivy, 71.

assists Rhys, son of Gruffudd, in obtaining Cydweli and Carnwyllon, 71.

joins prince Llywelyn's expedition into South Wales, 71.

Maelienydd (Maelenit), the castle of Cevnllys taken and laid waste by the men of, 100.

Maeleachlen (Maileachlen, Matusalem), death of, 14.

Maenor (Maynour), David, son of Gruffudd, with other Welsh chieftains, encamps at, 96.

Maes Hyveidd (— Hewed, Hiveid), ravaged by Maredudd, son of Owain, 21.

Maes Osmeliaun held by Igmond, 16.

Magnel, Philip. See Philip Magnel.

Maesmain Cymro (Maismain Cemro), the battle of, 36.

Magnus, son of Harold, ravages the territories of the English, 25.

comes with an army to Mona, and encounters the French, 31.

departs, 31.

is killed at Dublin, 33.

Malcolm (Mailcholum, Malcolum), king of the Scots, slain, 29.

Malefaunt (Malefant), Walter, is slain, 97.

Malmesbury besieged by Henry, duke of Normandy, 44.

Maredudd (Maredut, Mareduch), seized by his brother Iorwerth, 33.

escapes from prison, 34.

takes Llywelyn, son of Owain, prisoner, 38.

blinds and castrates him, 38.

his death, 39.

Meurig (Meuruc)—*cont.*
sons of, and Maredudd, son of Owain, 21.

Meurig (Meuruc), son of Adam, slain, 52.

Meurig (Meuric), son of Arthvael, killed, 23.

Meurig (Meuruc), son of Cadvan, death of, 19.

Meurig (Meuric), son of Gruffudd, receives Cyveiliog from his uncle Madog, son of Maredudd, 44.

Meurig (Meuric), son of Howel, seized by the Pagans, 23.

Meurig (Meuric), son of Idwal, deprived of his sight, 19.

Meurig (Meuric), son of Madog, slain through treachery by his own men, 43.

Meurig (Meuric), son of Meurig, blinded and castrated, 39.

Meurig (Meuric), son of Rhirid (?), kills his cousin Madog, son of Llywarch, 38.

Meurig (Meuric), son of Trahaiarn, killed by Owain, son of Cadwgan, 33.

Mevenydd (Mevenit), Maredudd, son of Owain, made to give up, 81.

Michael, the archangel, consecration of the church of, 9.

Milk turned to blood, 8.

Milo, earl of Hereford, slain, 42.

Minorites, the order of, instituted, 67.

Mogedawg (Mocetauc), the battle of, 9.

Molyns (Meules), Nicholas de, seneschal of Caermarthen, marches at the head of a large army to the territory of Maelgwn, 86.
passes the river Dovey, 86.

Mona (Mon, Monia), the isle of, subdued by Howel, 12.
Cynan, his brother, expelled by him from, 12.
ravaged by the Black Pagans, 13.
the battle on Sunday in, 15.
ravaged by the son of Harold, 19, 20.
invested by Gruffudd, son of Cynan, 32.

Mona (Mon, Monia) the isle of—*cont.*
King Henry II.'s fleet touches at, and a battle ensues, in which many of the French are slain, 47.

Money, a change effected in the coinage of, 55, 66, 105.

Monks of Canterbury, the, elect their sub-prior to the archiepiscopal see, 64.
bribed by king John, 64.
violate their promise, 65.
expelled from the kingdom by the king, 65.

Monmouth (Monemu), the village of, burnt by Richard Mareschal, 79.

Montefort, Simon de, marries Alienora, countess of Pembroke, 82.

Montgomery (Mungumeri), Hugh de, ravages Ceredigion, 26.

Montgomery (Mungumria, Mungumbria) devastated by prince Llywelyn, 78.
the English flee to, 92.
the village of, burnt by some of Llywelyn's partizans, 93.

Monthenesy, William de, oppressed under the wall of Dyryslwyn castle, 109.

Moon, the, turned of a bloody colour, 8.
three moons seen in the heavens, 68.

Morgan (Morcant), death of, 8.

Morgan, death of, 19.

Morgan, son of Cadwgan, kills his brother Maredudd, 37.
goes to Jerusalem on account of the fratricide, 38.
dies on his return in the island of Cyprus, 38.

Morgan Gam (Cam), *i. e.* the Crooked, his castle, 86.

Morgan (Morgant), son of Owain, kills Richard, son of Gilbert, 40.
is killed, 47.

Morgan Patta dies, 55.

Morgan, son of Rhys the Great, dies, 88.

Morganeu, bishop, killed by the Pagans, 22.

Morganwg (Morgannuc), bishop, dies, 23.

Morgetiud, king of the Dimetians, dies, 11.

Owain (Owin), son of Maredudd, makes peace with the lord Llywelyn, 98.

Owain (Owin), son of Maredudd, son of Robert of Cydewain, dies, 81.

Owain (Ougen, Owin, Oweyn), king of the Picts, dies, 9.

Owain (Owin, Owein, Owyn), son of Rhirid (son of Cadwgan, C.), burns Meirionydd, 34.

P.

Pagans, their first arrival among the Southerns in Ireland, 11.

the black, ravage Mona, 20.

ravage Menevia, Llanbadarn, Llanilltyd, Llancarvan, and Llandydoch, 21.

ravage Menevia, and kill bishop Morganeu, 22.

ravage Dimetia, 22.

capture Meurig, son of Howel, 23.

pursued by Gruffudd, son of Llywelyn, 23, 24.

of Dublin, capture Gruffudd, son of Llywelyn, 24.

a fleet of, in Aberteivy, 24.

devastate Menevia and Bangor, 26.

kill Abraham, 27.

receive a large sum of money from Rhys, son of Tewdwr, 28.

of the isles, demolish Menevia, 29.

plunder the village and church of Llandydoch, 41.

and Saracens conquer the Christians at the sea of Tiberias, 55, 56.

Pain, John de, Llywelyn, son of Owain, delivered up to, 38.

Pain (Paen), the castle of, built of stone and mortar, 78.

Pantha=Penda.

Pasetra detains Otho the pope's legate in the Tower of London against the king's will, 103.

Patrick, lord of Cydweli, sacrilegiously enters the White House, 92.

attacks the Welsh, 96.

meets his confederates at Aberteivy, 97.

Patrick de Chaurs slain at Cilgerran, 97.

Patta, Morgan, death of, 55.

Paulinus, bishop of York, baptizes Edwin, 6.

Peccham, John de, confirms the election of Thomas Becke, 105.

presides over a provincial council at Lambeth, 106.

visits the Welsh dioceses, 108.

Pembroke devastated by Uchtryd, son of Edwin, and Howel, son of Goronwy, 30.

conflagrations caused in it, by Rhys, son of Gruffudd, 57.

armed men from, kill William Techo and Henry Goeth, 95.

Penarch, Maredudd, son of Owain, made to give Mevenydd up for, 81.

Pencadeir (Penchaideirn), the battle of, 24.

king Henry II. arrives at, 49.

Pencon (Pentun, C.), the battle of, 9.

Penda (Pantha) slain, 7.

Pengelli (Penkelli), the castle of, burnt by Richard Mareschal, 79.

Penletherw (Penlethern, Penlethereu), the battle of, 38.

Pepin (Pipin), the elder king of the French, dies, 9,

Peredur (Peretur), son of Eliver, dies, 5.

Perveddwlad (Pervewalt), Llywelyn, son of Gruffudd, goes to the region of, 90.

Peter of Oxford, archdeacon of Menevia, made bishop of Exeter, 106.

Peter, prior of Wenlock, succeeds to the see of Menevia, 55.

his death, 61.

Peuluniawg (Peuluniauc), Howel the Saxon kills many of the Flemings at, 59.

Philip, king of the French, expels the Jews from France, 55.

assumes the sign of the cross, 56.

Rhodri (Rotri, Rodri), son of Howel, death of, 19.

Rhodri (Rodri), son of Idwal, killed, 19.

Rhodri (Rodri), son of Owain, death of, 59.

Rhos (Ros), the long sleep of Maelgwn in the court of, 4.

obtained by Gruffudd, son of Rhys, 40.

conflagrations in, 57.

Llywelyn, prince of North Wales, goes to, 72.

passes the night at Pyle in, 74.

armed men from, assist in killing William Techo and Henry Goeth, 95.

Rhuddlan (Rudglann, Rudlan, Ruthlan, Rutlan), the battle of, 11.

king Henry II. proceeds to, and encamps at, 47.

the castle of, taken by Owain, son of Gruffudd, and Rhys, son of Gruffudd, 51.

king Edward encamps at, 105.

Rhun (Run), son of Owain, dies, 43.

Rhun (Run), son of Urien, baptizes Edwin, 6.

Rhuvoniog (Roweynauc), the region of, attacked by the Saxons, 12.

Rhydderch (Riderch), bishop, dies, 19.

Rhydderch (Riderch, Rederch), son of Caradog, holds South Wales, 27.

is engaged in the battle of Camddwr, 27.

killed by his cousin Meirchion, 27.

Rhygewarch (Rigewarc), clerk, the treachery of, 50.

Rhys, son of Bledrig, death of, 59.

Rhys (Res), son of Gruffudd, obtains the portion of his brother Maredudd, 46.

marches against Owain Gwynedd as far as Aberdovey, 46.

makes a fosse there, and afterwards founds a castle, 46.

carries on the war against the English king alone, 47.

takes Cantrev Mawr, 47.

takes at the first onset the castle of Llandovery, 48.

Rhys (Res), son of Gruffudd—cont.

burns the castles in Ceredigion which had been erected by the French, 48.

also those which had been made by them in Dimetia, 48.

leads his army against Caermarthen, and besieges it, 48.

removes his men and goods to Rhesterwein, 48.

forcibly acquires Dinweileir and Llandovery, 49.

makes peace with the king, 49.

harasses Roger, earl of Clare, burns the castle of Aber Rheidiol, and the castle of Mabwynion, and subdues the whole region of Ceredigion, 49, 50.

joins the allied princes against king Henry II., 50.

takes the castle of Aberteivy, 50.

imprisons Robert, son of Stephen, 50.

rebuilds the castle of Caereinion, 51.

takes the castle of Rhuddlan, 51.

builds the castle of Abereinion, 52.

leads his army to Brecheiniog, 52.

is put to flight, 52.

leads his army again to Brecheiniog and burns a great part of the land, 52.

destroys the castle of Buellt, 52.

returns home victorious, 52.

rebuilds the castle of Aberteivy, 53.

leads his army into South Wales, 57.

causes conflagrations in Rhos and Pembroke, 57.

plunders Gower, 57.

destroys the castle of Carnwyllon, 57.

takes other castles in Dimetia, 57.

lays siege to the castle of Caermarthen, 57.

makes peace with the king, 57.

besieges the castle of Clare and takes possession of it, 57.

gives it to his son, Howel the Saxon, 57.

takes the castle of Nyver, 58.

liberates his son Maelgwn from the prison of William de Bruse, 58.

besieges Abertawe, 58.

T.

Talargan, king of the Picts, killed by the Britons, 9.

Tanchard (Tankard), a monk, killed by Maelgwn, son of Rhys, 59.

Tartars, the, occupy the kingdom of Jerusalem, 99.

Techo, William, slain by armed men from Pembroke and Rhos, 95.

Teivy (Tewy, Tegui), the French and Flemings, drowned in the, 40.

appears bloody for two days, 50.

Tenby (Tinebeth, Dynbech), Cadell, son of Gruffudd, severely wounded near, 45.

Tewdwr (Teudubr, Teudur), son of Beli, death of, 9.

Tewdwr (Teudur), son of Einion, killed, 21.

Theobald, archbishop, death of, 49.

Thief, a, detected in the church of Menevia, 87.

Thomas Becke, see Becke.

Thomas, archbishop of Canterbury, consecrated, 49.

banished, 50.

crosses over into Flanders to avoid the wrath of the king, 51.

the bishops and many of the great men of England write to the pope against him, 51, 52.

excommunicates Geoffrey Foliot, archbishop of York, 52.

suffers martyrdom, 53.

Thomas Wallensis succeeds to the see of Menevia, 87.

consecrated, 88.

Thomas, Archbishop of York, dies, 32.

Thunder, great, 12.

Tiberias, the Christians overcome near the sea of, 56.

Tintern, foundation of, 39.

Walter and Anselm Mareschal, buried at, 86.

Trahaiarn (Traharin, Traharn), son of Caradog, succeeds to the kingdom of Venedotia, 26, 27.

victorious in the battle of Pwllgydig, 7.

kills Rhys and his brother Howel, 27.

Trahaiarn (Trahair), son of Cedivor, killed by the French, 57.

Trallwng (Trallug), Llywelyn, son of Gruffudd, at, 92.

Translation of St. Thomas the Martyr, 75.

Trenchemer, William, killed, 47.

Trevclawdd (Trefeclaud), the castle of, taken by Owain, son of Madog, 100.

Trevdraeth (Treftraid), the castle of, taken by Llywelyn, prince of North Wales, 71.

Trevetland (Trefetland), the village of, burnt by the lords of Ceri and Cydewig, 98.

Trevgarn (Trefgarn), a place at, given to the Cistercians, 43.

Trevilan (Trefilan), the castle of, built by Maelgwn, son of Maelgwn, 81.

Trifun (Trifin), son of Rein, dies, 12.

Trinity, the, foundation of the abbey of, 34.

Trirbelevile, Henry, succours the castle of Caermarthen, 79.

Troyt, Gruffudd, killed, 58.

Tudur, son of Pret, killed, 59.

Tybebot (Typetot), Robert, quarrels with Rhys, son of Maredudd, 109.

takes his castle, 110.

Tywi (Tewy), many persons drowned in the, 79.

U.

Ubis ravages Menevia, 22.

Uchtryd (Uthtrit, Uchrid, Vedrith), son of Edwin, devastates Pembroke, 30.

the castle of, demolished by Einion, son of Cadwgan, and Gruffudd, son of Maredudd, 36.

173

CORRIGENDA.

Page 4, note 6', *after* corruerunt *add* B.

  „ 5, lines 25 *and* 26, *for* 14 *and* 15 *read* 15 *and* 16. Note 14' *for* B *read* C, *add* 15 not in B., *and for* 15 *read* 16.

  „ 27, line 5, *for* Re set *read* Res et.

  „ 29, note 8', *supply a* hyphen *after* firma.

  „ 32, note 3', *for* pacificatns *read* pacificatus.

  „ 33, note 7', *for* ratrem *read* fratrem.

  „ 41, first note, *for* 1 *read* 1'.

  „ 50, line 2, *dele* ' *after* vero.

  „ 53, line 20, *for* interfectus *read* interfectis.

  „ 57, note 9', *for* eivitatis *read* civitatis.

  „ 58, line 17, *for* eumque *read* cumque.

  „ 63, line 29, *for* octavus *read* octavas.

  „ 66, fourth note, *for* 4 *read* 4'.

  „ 67, note 4', line 10, *for* episcopatum *read* episcopum.

  „ 74, note 3', *for* thesaurius *read* thesaurarius.

  „ 77, line 11, *for* redit *read* rediit; and in the margin *for* 1126 *and* 1127 *read* 1226, 1227.

  „ 83, note 2, *after* Annus *add* C.

  „ 86, line 8, *for* exhæredere *read* exhæredare.

Add semicolons, p. 20, l. 7, *after* gentilibus; p. 31, l. 2, *after* excidium; p. 53, l. 7, *after* Owini; p. 92, l. 9, *after* Stranges; ib. l. 10, *after* Mabalan; and p. 109, l. 20, *after* Lanamdevery.

Add full-stops, p. 30, l. 21, *after* devastavit; p. 31, l. 20, *after* abivit; p. 32, l. 5, *after* fugit.

Probably a comma ought to be added p. 97, l. 15, *after* Patric, *and* full-stops, p. 33, l. 22, *after* occisus est; *and* p. 96, l. 9, *after* combusserunt.

The bracketed sentences, p. 41, lines 21, 22, *and* p. 59, lines 30, 31, 32, may be deleted, and the different readings added in the notes.

LONDON:
Printed by GEORGE E. EYRE and WILLIAM SPOTTISWOODE,
Printers to the Queen's most Excellent Majesty.
For Her Majesty's Stationery Office.

LIST OF WORKS

PUBLISHED

By the late Record and State Paper Commissioners, or under the Direction of the Right Hon. the Master of the Rolls, which may be had of Messrs. Longman and Co.

PUBLIC RECORDS AND STATE PAPERS.

ROTULORUM ORIGINALIUM IN CURIA SCACCARII ABBREVIATIO. Henry III.—Edward III. *Edited by* HENRY PLAYFORD, Esq. 2 vols. folio (1805—1810). *Price,* boards, 12s. 6d. each, or 25s.

CALENDARIUM INQUISITIONUM POST MORTEM SIVE ESCAETARUM. Henry III.—Richard III. *Edited by* JOHN CALEY AND J. BAYLEY, Esqrs. 4 vols. folio (1806—1808 ; 1821—1828), boards: vols. 2 and 3, separately, *price,* boards, each 21s.; vol. 4, boards, 24s.

LIBRORUM MANUSCRIPTORUM BIBLIOTHECÆ HARLEIANÆ CATALOGUS. Vol. 4. *Edited by* The Rev. T. H. HORNE, (1812) folio, boards. *Price* 18s.

ABBREVIATIO PLACITORUM, Richard I.—Edward II. *Edited by* The Right Hon. GEORGE ROSE, AND W. ILLINGWORTH, Esq. 1 vol. folio (1811), boards. *Price* 18s.

LIBRI CENSUALIS vocati DOMESDAY-BOOK, INDICES. *Edited by* Sir HENRY ELLIS. Small folio (1816), boards (Domesday-Book, vol. 3). *Price* 21s.

LIBRI CENSUALIS vocati DOMESDAY, ADDITAMENTA EX CODIC. ANTIQUISS. *Edited by* Sir HENRY ELLIS. Small folio (1816), boards (Domesday-Book, vol. 4). *Price* 21s.

A. C.   M

STATUTES OF THE REALM, in very large folio. Vols. 1 to 11 (except vols. 5 and 6.) including 2 vols. of Indices (1810—1828). *Edited by* Sir T. E. TOMLINS, JOHN RAITHBY, JOHN CALEY, and WM. ELLIOTT, Esqrs. *Price* 31s. 6d. each.

*** The Alphabetical and Chronological Indices may be had separately, *price* 30s. each.

VALOR ECCLESIASTICUS, temp. Henry VIII., Auctoritate Regia institutus. *Edited by* JOHN CALEY, Esq., and the Rev. JOSEPH HUNTER. Vols. 4 to 6, folio (1810, &c.), boards. *Price* 25s. each.

*** The Introduction is also published in 8vo. cloth. *Price* 2s. 6d.

ROTULI SCOTIÆ IN TURRI LONDINENSI ET IN DOMO CAPITULARI WEST-MONASTERIENSI ASSERVATI. 19 Edward I.—Henry VIII. *Edited by* DAVID MACPHERSON, JOHN CALEY, AND W. ILLINGWORTH, Esqrs., and the Rev. T. H. HORNE. 2 vols. folio (1814—1819), boards. *Price* 42s.

" FŒDERA, CONVENTIONES, LITTERÆ," &c. ; or, Rymer's Fœdera, A.D. 1066—1391. New Edition, Vol. 2, Part 2, and Vol. 3, Parts 1 and 2, folio (1821—1830). *Edited by* JOHN CALEY and FRED. HOLBROOKE, Esqrs. *Price* 21s. each Part.

DUCATUS LANCASTRIÆ CALENDARIUM INQUISITIONUM POST MORTEM, &c. Part 3, Ducatus Lancastriæ. Calendar to the Pleadings, &c. Henry VII.—Ph. and M. ; and Calendar to Pleadings, 1—13 Elizabeth. Part 4, Calendar to Pleadings to end of Elizabeth. *Edited by* R. J. HARPER, JOHN CALEY, and WM. MINCHIN, Esqrs. Part 3 (or Vol. 2) (1827—1834), *price* 31s. 6d. ; and Part 4 (or Vol. 3), boards, folio, *price* 21s.

CALENDARS OF THE PROCEEDINGS IN CHANCERY IN THE REIGN OF QUEEN ELIZABETH, to which are prefixed examples of earlier proceedings in that Court from Richard II. to Elizabeth, from the originals in the Tower. *Edited by* JOHN BAYLEY, Esq. Vols. 2 and 3 (1830—1832), boards, each, folio, *price* 21s.

PARLIAMENTARY WRITS AND WRITS OF MILITARY SUMMONS, together with the Records and Muniments relating to the Suit and Service due and performed to the King's High Court of Parliament and the Councils of the Realm. Edward I., II. *Edited by* Sir FRANCIS PALGRAVE. (1830—1834). Vol. 2, Division 1, Edward II., 21s. ; Vol. 2, Division 2, 21s.; Vol. 2, Division 3, folio, boards, *price* 42s.

ROTULI LITTERARUM CLAUSARUM IN TURRI LONDINENSI ASSERVATI. 2 vols. folio (1833—1844). The first volume commences A.D. 1204 to 1224. The second volume 1224—1227. *Edited by* THOMAS DUFFUS HARDY, Esq. Together, *price* 81s. cloth ; or the volumes may be had separately. Vol. 1, *price* 63s. cloth ; Vol. 2, cloth, *price* 18s.

THE GREAT ROLLS OF THE PIPE FOR THE SECOND, THIRD, AND FOURTH YEARS OF THE REIGN OF KING HENRY THE SECOND, 1155—1158. *Edited by* the Rev. JOSEPH HUNTER. 1 vol. royal 8vo. (1844), cloth. *Price 4s. 6d.*

THE GREAT ROLL OF THE PIPE FOR THE FIRST YEAR OF THE REIGN OF KING RICHARD THE FIRST, 1189—1190. *Edited by* the Rev. JOSEPH HUNTER. 1 vol. royal 8vo. (1844), cloth. *Price 6s.*

PROCEEDINGS AND ORDINANCES OF THE PRIVY COUNCIL OF ENGLAND, commencing 10 Richard II.—33 Henry VIII. *Edited by* Sir N. HARRIS NICOLAS. 7 vols. royal 8vo. (1834—1837), cloth 98s. ; or any of the volumes may be had separately, cloth. *Price 14s.* each.

ROTULI LITTERARUM PATENTIUM IN TURRI LONDINENSI ASSERVATI, A.D. 1201 to 1216. *Edited by* THOMAS DUFFUS HARDY, Esq. 1 vol. folio (1835), cloth. *Price 31s. 6d.*

*** The Introduction is also published in 8vo., cloth. *Price 9s.*

ROTULI CURIÆ REGIS. Rolls and Records of the Court held before the King's Justiciars or Justices. 6 Richard I.—1 John. *Edited by* Sir FRANCIS PALGRAVE. 2 vols. royal 8vo. (1835), cloth. *Price 28s.*

ROTULI NORMANNIÆ IN TURRI LONDINENSI ASSERVATI, A.D. 1200—1205. Also from 1417 to 1418. *Edited by* THOMAS DUFFUS HARDY, Esq. 1 vol. royal 8vo. (1835), cloth. *Price 12s. 6d.*

ROTULI DE OBLATIS ET FINIBUS IN TURRI LONDINENSI ASSERVATI, tempore Regis Johannis. *Edited by* THOMAS DUFFUS HARDY, Esq. 1 vol. royal 8vo. (1835), cloth. *Price 18s.*

EXCERPTA E ROTULIS FINIUM IN TURRI LONDINENSI ASSERVATIS. Henry III., 1216—1272. *Edited by* CHARLES ROBERTS, Esq. 2 vols. royal 8vo. (1835, 1836), cloth, *price 32s.* ; or the volumes may be had separately, Vol. 1, *price 14s.* ; Vol. 2, cloth, *price 18s.*

FINES SIVE PEDES FINIUM SIVE FINALES CONCORDIÆ IN CURIA DOMINI REGIS. 7 Richard I.—16 John (1195—1214). *Edited by* the Rev. JOSEPH HUNTER. In Counties. 2 vols. royal 8vo. (1835—1844), together, cloth, *price 11s.* ; or the volumes may be had separately, Vol. 1, *price 8s. 6d.* ; Vol. 2, cloth, *price 2s. 6d.*

ANCIENT KALENDARS AND INVENTORIES (THE) OF THE TREASURY OF HIS MAJESTY'S EXCHEQUER ; together with Documents illustrating the History of that Repository. *Edited by* Sir FRANCIS PALGRAVE. 3 vols. royal 8vo. (1836), cloth. *Price 42s.*

DOCUMENTS AND RECORDS illustrating the History of Scotland, and the Transactions between the Crowns of Scotland and England ; preserved in the Treasury of Her Majesty's Exchequer. *Edited by* Sir FRANCIS PALGRAVE. 1 vol. royal 8vo. (1837), cloth. *Price 18s.*

M 2

ROTULI CHARTARUM IN TURRI LONDINENSI ASSERVATI, A.D. 1199—1216. *Edited by* THOMAS DUFFUS HARDY, Esq. 1 vol. folio (1837), cloth. *Price 30s.*

REGISTRUM vulgariter nuncupatum "The Record of Caernarvon," e codice MS. Harleiano, 696, descriptum. *Edited by* Sir HENRY ELLIS. 1 vol. folio (1838), cloth. *Price 31s. 6d.*

ANCIENT LAWS AND INSTITUTES OF ENGLAND; comprising Laws enacted under the Anglo-Saxon Kings, from Æthelbirht to Cnut, with an English Translation of the Saxon; the Laws called Edward the Confessor's; the Laws of William the Conqueror, and those ascribed to Henry the First; also, Monumenta Ecclesiastica Anglicana, from the 7th to the 10th century; and the Ancient Latin Version of the Anglo-Saxon Laws; with a compendious Glossary, &c. *Edited by* BENJAMIN THORPE, Esq. 1 vol. folio (1840), cloth. *Price 40s.*

—— 2 vols. royal 8vo. cloth. *Price 30s.*

ANCIENT LAWS AND INSTITUTES OF WALES; comprising Laws supposed to be enacted by Howel the Good; modified by subsequent Regulations under the Native Princes, prior to the Conquest by Edward the First; and anomalous Laws, consisting principally of Institutions which, by the Statute of Ruddlan, were admitted to continue in force. With an English Translation of the Welsh Text. To which are added a few Latin Transcripts, containing Digests of the Welsh Laws, principally of the Dimetian Code. With Indices and Glossary. *Edited by* ANEURIN OWEN, Esq. 1 vol. folio (1841), cloth. *Price 44s.*

—— 2 vols. royal 8vo. cloth. *Price 36s.*

ROTULI DE LIBERATE AC DE MISIS ET PRÆSTITIS, Regnante Johanne. *Edited by* THOMAS DUFFUS HARDY, Esq. 1 vol. royal 8vo. (1844), cloth. *Price 6s.*

DOCUMENTS ILLUSTRATIVE OF ENGLISH HISTORY in the 13th and 14th centuries, selected from the Records in the Exchequer. *Edited by* HENRY COLE, Esq. 1 vol. fcp. folio (1844), cloth. *Price 45s. 6d.*

MODUS TENENDI PARLIAMENTUM. An Ancient Treatise on the Mode of holding the Parliament in England. *Edited by* THOMAS DUFFUS HARDY, Esq. 1 vol. 8vo. (1846), cloth. *Price 2s. 6d.*

REPORTS OF THE PROCEEDINGS OF THE RECORD COMMISSIONERS, 1800 to 1819, 2 vols., folio, boards. *Price 5l. 5s.* From 1819 to 1831 their proceedings have not been printed. A third volume of Reports of their Proceedings, 1831 to 1837, folio, boards, 8s. 3 vols. together, boards. *Price 5l. 13s.*

THE ACTS OF THE PARLIAMENTS OF SCOTLAND. 11 vols. folio (1814–1844). Vol. I. *Edited by* THOMAS THOMSON and COSMO INNES, Esqrs. *Price* 42s.

⁎ Also, Vols. 4, 7, 8, 9, 10, 11, 10s. 6d. each Vol.

THE ACTS OF THE LORDS OF COUNCIL IN CIVIL CAUSES. A.D. 1478—1495. *Edited by* THOMAS THOMSON, Esq. Folio (1839). *Price* 10s. 6d.

THE ACTS OF THE LORDS AUDITORS OF CAUSES AND COMPLAINTS. A.D. 1466—1494. *Edited by* THOMAS THOMSON, Esq. Folio (1839). *Price* 10s. 6d.

REGISTRUM MAGNI SIGILLI REGUM SCOTORUM in Archivis Publicis asservatum. A.D. 1306—1424. *Edited by* THOMAS THOMSON, Esq. Folio (1814). *Price* 15s.

ISSUE ROLL OF THOMAS DE BRANTINGHAM, Bishop of Exeter, Lord High Treasurer of England, containing Payments out of His Majesty's Revenue, 44 Edward III., 1370. *Edited by* FREDERICK DEVON, Esq. 1 vol. 4to. (1835), cloth. *Price* 35s.

—— Royal 8vo. cloth. *Price* 25s.

ISSUES OF THE EXCHEQUER, containing similar matter to the above, temp. Jac. I., extracted from the Pell Records. *Edited by* FREDERICK DEVON, Esq. 1 vol. 4to. (1836), cloth. *Price* 30s.

—— Royal 8vo. cloth. *Price* 21s.

ISSUES OF THE EXCHEQUER, containing like matter to the above, extracted from the Pell Records ; Henry III. to Henry VI. inclusive. *Edited by* FREDERICK DEVON, Esq. 1 vol. 4to. (1837), cloth. *Price* 40s.

—— Royal 8vo. cloth. *Price* 30s.

LIBER MUNERUM PUBLICORUM HIBERNIÆ, ab an. 1152 usque ad 1827 ; or, The Establishments of Ireland from the 19th of King Stephen to the 7th of George IV., during a period of 675 years ; being the Report of Rowley Lascelles, of the Middle Temple, Barrister-at-Law. Extracted from the Records and other authorities, by Special Command, pursuant to an Address, an. 1810, of the Commons of the United Kingdom. With Introductory Observations by F. S. THOMAS, Esq. (1852.) 2 vols. folio. *Price* 42s.

NOTES OF MATERIALS FOR THE HISTORY OF PUBLIC DEPARTMENTS. By F. S. THOMAS, Esq. Demy folio (1846). *Price* 10s.

HANDBOOK TO THE PUBLIC RECORDS. By F. S. THOMAS, Esq. Royal 8vo. (1853.) *Price* 12s.

STATE PAPERS DURING THE REIGN OF HENRY THE EIGHTH. 11 vols. 4to. (1830—1852) completing the work in its present form, with Indices of Persons and Places to the whole. *Price 5l. 15s. 6d.*

Vol. I. contains Domestic Correspondence.

Vols. II. & III.—Correspondence relating to Ireland.

Vols. IV. & V.—Correspondence relating to Scotland.

Vols. VI. to XI.—Correspondence between England and Foreign Courts.

₊ Any Volume may be purchased separately, *price 10s. 6d.*

MONUMENTA HISTORICA BRITANNICA, or, Materials for the History of Britain from the earliest period. Vol. 1, extending to the Norman Conquest. Prepared, and illustrated with Notes, by the late HENRY PETRIE, Esq., F.S.A., Keeper of the Records in the Tower of London, assisted by the Rev. JOHN SHARPE, Rector of Castle Eaton, Wilts. Finally completed for publication, and with an Introduction, by THOMAS DUFFUS HARDY, Esq., Assistant Keeper of Records. (Printed by command of Her Majesty.) Folio (1848). *Price 42s.*

HISTORICAL NOTES RELATIVE TO THE HISTORY OF ENGLAND; embracing the Period from the Accession of King Henry VIII. to the Death of Queen Anne inclusive (1509 to 1714). Designed as a Book of instant Reference for the purpose of ascertaining the Dates of Events mentioned in History and in Manuscripts. The Name of every Person and Event mentioned in History within the above period is placed in Alphabetical and Chronological Order, and the Authority from whence taken is given in each case, whether from Printed History or from Manuscripts. By F. S. THOMAS, Esq., Secretary of the Public Record Office. 3 vols. 8vo. (1856.) *Price 40s.*

CALENDARS OF STATE PAPERS.

[IMPERIAL 8vo. *Price 15s.* each Volume.]

CALENDAR OF STATE PAPERS, DOMESTIC SERIES, OF THE REIGNS OF EDWARD VI., MARY, ELIZABETH, 1547—1580, preserved in the State Paper Department of Her Majesty's Public Record Office. *Edited by* ROBERT LEMON, Esq., F.S.A. 1856.

CALENDAR OF STATE PAPERS, DOMESTIC SERIES, OF THE REIGN OF JAMES I., preserved in the State Paper Department of Her Majesty's Public Record Office. *Edited by* MARY ANNE EVERETT GREEN. 1857-1859.
>   Vol. I.—1603—1610.
>   Vol. II.—1611—1618.
>   Vol. III.—1619—1623.
>   Vol. IV.—1623—1625, with Addenda.

CALENDAR OF STATE PAPERS, DOMESTIC SERIES, OF THE REIGN OF CHARLES I., preserved in the State Paper Department of Her Majesty's Public Record Office. *Edited by* JOHN BRUCE, Esq. V.P.S.A. 1858-1859.
>   Vol. I.—1625-1626.
>   Vol. II.—1627-1628.
>   Vol. III.—1628-1629

CALENDAR OF THE STATE PAPERS relating to SCOTLAND, preserved in the State Paper Department of Her Majesty's Public Record Office. *Edited by* MARKHAM JOHN THORPE, Esq., of St. Edmund Hall, Oxford. 1858.
>   Vol. I., the Scottish Series, of the Reigns of Henry VIII., Edward VI., Mary, Elizabeth, 1509—1589.
>   Vol. II., the Scottish Series, of the Reign of Queen Elizabeth, 1589—1603 ; an Appendix to the Scottish Series, 1543—1592 ; and the State Papers relating to Mary Queen of Scots during her Detention in England, 1568—1587.

CALENDAR OF THE STATE PAPERS relating to IRELAND, 1509-1573, preserved in the State Paper Department of Her Majesty's Public Record Office *Edited by* H. C. HAMILTON, Esq. 1860.
>   Vol. I.

In the Press.

CALENDAR OF THE STATE PAPERS RELATING TO IRELAND, preserved in the State Paper Department of Her Majesty's Public Record Office. *Edited by* H. C. HAMILTON, Esq.
Vol. II.

CALENDAR OF THE STATE PAPERS, DOMESTIC SERIES, OF THE REIGN OF CHARLES II., preserved in the State Paper Department of Her Majesty's Public Record Office. *Edited by* MARY ANNE EVERETT GREEN.

CALENDAR OF STATE PAPERS, DOMESTIC SERIES, OF THE REIGN OF CHARLES I., preserved in the State Paper Department of Her Majesty's Public Record Office. *Edited by* JOHN BRUCE, Esq., V.P.S.A.
Vol. IV.

CALENDAR OF THE STATE PAPERS OF THE REIGN OF HENRY VIII. *Edited by* the Rev. J. S. BREWER, M.A., Professor of English Literature, King's College, London, and Reader at the Rolls.

CALENDAR OF THE STATE PAPERS, FOREIGN SERIES, OF THE REIGN OF EDWARD VI. *Edited by* W. B. TURNBULL, Esq., of Lincoln's Inn, Barrister-at-Law, and Correspondant du Comité Impérial des Travaux Historiques et des Sociétés Savants de France.

CALENDAR OF THE STATE PAPERS, COLONIAL SERIES, preserved in the State Paper Department of Her Majesty's Public Record Office. *Edited by* W. NOEL SAINSBURY, Esq.
Vol. I.

THE CHRONICLES AND MEMORIALS OF GREAT BRITAIN AND IRELAND DURING THE MIDDLE AGES.

[ROYAL 8vo. *Price 8s. 6d.* each Volume.]

1. THE CHRONICLE OF ENGLAND, by JOHN CAPGRAVE. *Edited by* the Rev. F. C. HINGESTON, M.A., of Exeter College, Oxford.

2. CHRONICON MONASTERII DE ABINGDON. Vols. I. and II. *Edited by* the Rev. J. STEVENSON, M.A., of University College, Durham, and Vicar of Leighton Buzzard.

3. LIVES OF EDWARD THE CONFESSOR. I.—La Estoire de Seint Aedward le Rei. II.—Vita Beati Edvardi Regis et Confessoris. III.—Vita Æduuardi Regis qui apud Westmonasterium requiescit. *Edited by* H. R. LUARD, M.A., Fellow and Assistant Tutor of Trinity College, Cambridge.

4. MONUMENTA FRANCISCANA ; scilicet, I.—Thomas de Eccleston de Adventu Fratrum Minorum in Angliam. II.—Adæ de Marisco Epistolæ. III.—Registrum Fratrum Minorum Londoniæ. *Edited by* the Rev. J. S. BREWER, M.A., Professor of English Literature, King's College, London, and Reader at the Rolls.

5. FASCICULI ZIZANIORUM MAGISTRI JOHANNIS WYCLIF CUM TRITICO. Ascribed to THOMAS NETTER, of WALDEN, Provincial of the Carmelite Order in England, and Confessor to King Henry the Fifth. *Edited by* the Rev. W. W. SHIRLEY, M.A., Tutor and late Fellow of Wadham College, Oxford.

6. THE BUIK OF THE CRONICLIS OF SCOTLAND ; or, A Metrical Version of the History of Hector Boece ; by WILLIAM STEWART. Vols. I., II., and III. *Edited by* W. B. TURNBULL, Esq., of Lincoln's Inn, Barrister-at-Law.

7. JOHANNIS CAPGRAVE LIBER DE ILLUSTRIBUS HENRICIS. *Edited by* the Rev. F. C. HINGESTON, M.A., of Exeter College, Oxford.

8. HISTORIA MONASTERII S. AUGUSTINI CANTUARIENSIS, by THOMAS OF ELMHAM, formerly Monk and Treasurer of that Foundation. *Edited by* C. HARDWICK, M.A., Fellow of St. Catharine's Hall, and Christian Advocate in the University of Cambridge.

9. EULOGIUM (HISTORIARUM SIVE TEMPORIS), Chronicon ab Orbe condito usque ad Annum Domini 1366 ; a Monacho quodam Malmesbiriensi exaratum. Vol. I. *Edited by* F. S. HAYDON, Esq., B.A.

10. MEMORIALS OF KING HENRY THE SEVENTH : Bernardi Andreæ Tholosatis de Vita Regis Henrici Septimi Historia ; necnon alia quædam ad eundem Regem spectantia. *Edited by* J. GAIRDNER, Esq.

11. MEMORIALS OF HENRY THE FIFTH. I.—Vita Henrici Quinti, Roberto Redmanno auctore. II.—Versus Rhythmici in laudem Regis Henrici Quinti. III.—Elmhami Liber Metricus de Henrico V. *Edited by* C. A. COLE, Esq.

12. MUNIMENTA GILDHALLÆ LONDONIENSIS ; Liber Albus, Liber Custumarum, et Liber Horn, in archivis Gildhallæ asservati. Vol. I., Liber Albus. *Edited by* H. T. RILEY, Esq., M.A., Barrister-at-Law.

13. CHRONICA JOHANNIS DE OXENEDES. *Edited by* Sir H. ELLIS, K.H.

14. A COLLECTION OF POLITICAL POEMS FROM THE ACCESSION OF EDWARD III. TO THE REIGN OF HENRY VIII. Vol. I. *Edited by* T. WRIGHT, Esq., M.A.

15. The "OPUS TERTIUM" and "OPUS MINUS" of ROGER BACON. *Edited by* the Rev. J. S. BREWER, M.A., Professor of English Literature, King's College, London, and Reader at the Rolls.

16. BARTHOLOMÆI DE COTTON, MONACHI NORWICENSIS, HISTORIA ANGLICANA (A.D. 449—1298). *Edited by* H. R. LUARD, M.A., Fellow and Assistant Tutor of Trinity College, Cambridge.

17. The BRUT Y TYWYSOGION, or, The Chronicle of the Princes of Wales. *Edited by* the Rev. J. WILLIAMS AB ITHEL.

18. A COLLECTION OF ROYAL AND HISTORICAL LETTERS DURING THE REIGN OF HENRY IV. Vol. I. *Edited by* the Rev. F. C. HINGESTON, M.A., of Exeter College, Oxford.

19. THE REPRESSOR OF OVER MUCH BLAMING OF THE CLERGY. By REGINALD PECOCK, sometime Bishop of Chichester. Vols. I. and II. *Edited by* C. BABINGTON, B.D., Fellow of St. John's College, Cambridge.

20. THE ANNALES CAMBRIÆ. *Edited by* the Rev. J. WILLIAMS AB ITHEL.

In the Press.

RICARDI DE CIRENCESTRIA SPECULUM HISTORIALE DE GESTIS REGUM ANGLIÆ. (A.D. 447—1066.) *Edited by* J. E. B. MAYOR, M.A. Fellow and Assistant Tutor of St. John's College, Cambridge.

THE ANGLO-SAXON CHRONICLE. *Edited by* B. THORPE, Esq.

LE LIVERE DE REIS DE BRITTANIE. *Edited by* J. GLOVER, M.A., Chaplain of Trinity College, Cambridge.

RECUEIL DES CRONIQUES ET ANCHIENNES ISTORIES DE LA GRANT BRETAIGNE A PRESENT NOMME ENGLETERRE, par JEHAN DE WAURIN. *Edited by* W. HARDY, Esq.

THE WARS OF THE DANES IN IRELAND : written in the Irish language. *Edited by* the Rev. Dr. TODD, Librarian of the University of Dublin.

MUNIMENTA GILDHALLÆ LONDONIENSIS; Liber Albus, Liber Custu-marum, et Liber Horn, in archivis Gildhallæ asservati. Vol. II., Liber Custumarum. *Edited by* H. T. RILEY, Esq.. M.A., Bar-rister-at-Law.

EULOGIUM (HISTORIARUM SIVE TEMPORIS), Chronicon ab Orbe condito usque ad Annum Domini 1366; a Monacho quodam Malmesbiriensi exaratum. Vols. II. and III. *Edited by* F. S. HAYDON, Esq., B.A.

A COLLECTION OF POLITICAL POEMS FROM THE ACCESSION OF EDWARD III. TO THE REIGN OF HENRY VIII. Vol. II. *Edited by* T. WRIGHT, Esq., M.A.

ORIGINAL LETTERS AND PAPERS ILLUSTRATIVE OF THE HISTORY OF ENGLAND DURING THE FIFTEENTH CENTURY. *Edited by* the Rev. J. STEVENSON, M.A., of University College, Durham, and Vicar of Leighton Buzzard.

A COLLECTION OF SAGAS AND OTHER HISTORICAL DOCUMENTS relating to the Settlements and Descents of the Northmen on the British Isles. *Edited by* GEORGE W. DASENT, Esq., D.C.L. Oxon.

A COLLECTION OF ROYAL AND HISTORICAL LETTERS DURING THE REIGN OF HENRY IV. Vol. II. *Edited by* the Rev. F. C. HINGESTON, M.A., of Exeter College, Oxford.

THE WORKS OF GIRALDUS CAMBRENSIS. *Edited by* the Rev. J. S. BREWER, M.A., Professor of English Literature, King's College, London, and Reader at the Rolls.

LETTERS AND PAPERS OF THE REIGNS OF RICHARD III. AND HENRY VII. *Edited by* JAMES GAIRDNER, Esq.

DESCRIPTIVE CATALOGUE OF MANUSCRIPTS RELATING TO THE EARLY HISTORY OF GREAT BRITAIN. *Edited by* T. DUFFUS HARDY, Esq.

In Progress.

HISTORIA MINOR MATTHÆI PARIS. *Edited by* Sir F. MADDEN, K.H., Chief of the MS. Department of the British Museum.

LETTERS AND TREATISES OF BISHOP GROSSETETE, illustrative of the Social Condition of his Time. *Edited by* the Rev. H. R. LUARD, M.A., Fellow and Assistant Tutor of Trinity College, Cambridge.

CHRONICON ABBATIÆ EVESHAMENSIS, AUCTORIBUS DOMINICO PRIORE EVESHAMIÆ ET THOMA DE MARLEBERGE ABBATE, A FUNDA-TIONE AD ANNUM 1213, UNA CUM CONTINUATIONE AD ANNUM 1418. *Edited by* the Rev. W. D. MACRAY, M.A., Bodleian Library, Oxford.

A ROLL OF THE IRISH PRIVY COUNCIL OF THE 16TH YEAR OF THE REIGN OF RICHARD II. *Edited by* the Rev. JAMES GRAVES.

POLYCHRONICON RANULPHI HIGDENI, with Trevisa's Translation. *Edited by* C. BABINGTON, B.D., Fellow of St. John's College, Cambridge.

November 1860.